법륜·스물다섯

업-재생-윤회의 가르침

아신 옷따마 지음 | 홍윤선 옮김

고요한소리

일러두기

* 이 책에 나오는 경經의 출전은 영국 빠알리성전협회PTS에서 간행한
  로마자 본 빠알리 경임.
* 저자의 주는 원주로 표기함. 나머지는 역주임.

The Message in the Teachings of

- ## Kamma
- ## Rebirth
- ## Samsara

A Gateway to Deeper Understanding

Ashin Ottama

The Wheel Publication No.425/427
Buddhist Publication Society
Kandy, Sri Lanka, 1982

차 례

시작하며

이 글은 내가 1995년 3월 양곤의 마하아시 수련원에서 미국의 심리학자 세 사람에게 한 법문을 수정하고 보완한 것이다. 법문을 글로 옮기고 제3장에 '물질은 단단한가'와 '대경이 실재하는가'에 관한 내용과 덧붙이는 말을 추가 했다.

독자가 이해할 수 있도록 꼭 필요한 교리만 설명하면서 격의 없이 편안하게 서술하였다. 나의 개인적인 생각을 말한 부분은 분명히 밝혔고, 일상생활이나 과학에서 유사한 사례나 비유를 들어 설명하고자 했다. 물리학의 예를 여럿 들었으나 그 분야의 전문가는 아니니 양해하길 바란다.

이 글은 '붓다의 원음'과 '상좌부불교의 논장'을 기본으로 하여 쓴 것이다. '붓다의 원음'은 불교 전통으로 이어져 오는 빠알리Pāli 경장의 주요 경전에 실린 가르침이고, '상좌부불교의 논장'은 빠알리 논장과 주석서에 있는 특정한 해설을 말한다. 붓다의 가르침에 익숙하지 않은 사람들을 위해 원전에 나오는 기초적인 설명을 덧붙였다. 하지만 교리적 설명을 주로 다루고자 한 것은 아니다.

여기서는 붓다의 가르침 가운데 업-재생-윤회라는 세 주제를 다루고자 한다. 이는 우리 삶이 '당면한 현실'이 왜 그런지 의문을 제기하고 진지하게 탐구하고자 하는 분들에게 인간 존재의 본성과 고난에 대해 철저하게 보는 또 한 번의 계기를 마련해드리기 위한 것이다.

이 소책자가 출간되도록 도와준 모든 분에게 감사를 드린다. 특별히 반테 우 윗죠바아사, 담마아짜리야 디이가바아나까, 까바아예 사야 우 칫 띤, 리차드 제썹, 앤 맥클라클란, 조이 슈램-에반스에게 고마움을 전한다. 비구 보디, 아잔 띠라담모, 비구 냐아나아로까, 비구 보디사아라, 이분들이 보내준 의견은 상당히 큰 도움이 되었고 덕분에 처음 원고보다 훨씬 나아졌다. 그러나 더러는 내 생각을 굽히지 않은 것도 있으니 오류나 실수가 있다면 오롯이 내 책임이다. 마하아시 명상 센터에 있는 컴팩 컴퓨터의 맞춤법 검사도 무척 고마웠다. 모국어가 아닌 영어로 쓴 글이어서 서툰 곳이 많을 테니 이 점 너그럽게 보아주시기 바란다.

여러분이 이 글을 읽으며 고무되고 용기를 내기 바란다. 읽으면서 우리가 서로 토론하고 있다고 상상해 봐도 좋겠다. 우리가 서로 공감하면 향상할 수 있다. 쉽지 않은 주제를 때로는 유머를 섞어 가볍게 쓰고자 했다. 그러나 그 내용은 결코 가볍지 않다.

1996년 3월 미얀마 양곤
마하아시 수련원에서
아신 옷따마

용어 설명

이 글에 자주 나오는 기본적인 빠알리*Pāli* 용어들을 간단히 설명하겠다. 이 빠알리 용어들은 영어에 꼭 들어맞는 표현이 없다. 더구나 이 용어들은 요즘에는 서구에도 잘 알려져 있긴 하나 어떻게 번역하더라도 그 의미가 왜곡되기 일쑤다.

붓다*Buddha* - 스스로 완전히 깨달은 자. '정등각자'. 경전에 의하면 붓다들은 억겁에 한 번씩 출현한다. 맨 나중에 출현한 붓다는 2500여 년 전 북부 인도에 살았던 고따마 싯닷타이다.

담마*Dhamma* (산스크리트어 '다르마*Dharma*') - 법法. 진리. 있는 그대로의 것. 우주의 근본 법칙. 평온과 자유의 경지인 열반에 이르게 하는 붓다의 가르침.

담마의 실천 Practice of *Dhamma* - 붓다의 '팔정도八正道'를 실천하는 것. 붓다 가르침의 기본 원리를 일상생활에

적용하는 것. 지속적으로 마음챙김을 확립하면서 열린 마음으로 편견 없이 지금·여기에 온전히 주의를 기울이도록 노력하는 것. 담마의 실천을 통해 자신의 삶과 다른 중생들을 더 깊이 이해할 수 있고 열린 마음으로 주의 깊고 세심하게 대할 수 있다.

테라와아다*Theravāda* (상좌부불교) - '장로들의 가르침'. 붓다의 원음을 있는 그대로 지키려는 불교의 한 갈래이다. 18개의 초기불교 부파 중 유일하게 남아 있는 부파이다. 오늘날 테라와아다는 주로 미얀마, 캄보디아, 라오스, 태국, 스리랑카에 자리 잡고 있으며 서구에서도 뿌리를 내리고 있다.

깜마*Kamma* (산스크리트어 '까르마*karma*') - 업業. 의지적 행동. 더 정확하게는 우리의 의도적 행위를 일으키는 의지. 이런 의지적 충동은 업이 될 수 있고 업은 쌓이게 된다. 여건이 조성되면 이 업의 힘[業力]은 그에 따르는 결과를 초래하기도 하고 어떤 상황이 전개되도록 작용할 것이다. 그렇다고 업이 우리의 운명을 결정짓는다는 것은 아니다. 그보다는 업은 다양한 기질과 성향으로 나타난다. 일반적으로 업은 우리의 정신은 물론 육체에도 영향을 주고 우리 생애 전반에 걸쳐 커다란 영향을 미친다. 업의 결과를 위빠아까*vipāka*[異熟]라고 부른다.

상사아라*Saṃsāra* – 윤회輪廻. 재생의 반복. 다양한 존재계에서 끊임없이 진행되는 생生과 사死의 되풀이. 다시 말해 '윤회'는 모든 존재가 육도六道를 돌고 돌아 끝도 없이 재생하게 되는 일을 가리킨다.

닙바아나*Nibbāna* (산스크리트어 '니르바나*Nirvāṇa*') – 열반涅槃. 조건지어지지 않은 궁극의 실재[1]. 최상의 자유·평온·행복. 최상의 청정함과 건강함. 모든 불만족과 고통의 근원인 무명, 갈애, 취착의 그침. 윤회에서 벗어남.

아라한*Arahat* – 응공應供. 완전한 자유를 얻은 분. 붓다가 가르친 길을 올바르게 걸어 모든 정신적 번뇌를 뿌리째 뽑아 버린 성자.

빠알리*Pāli* – 가장 오래된 불교 경전 언어이며 붓다가 사용한 언어로 보인다. 일반적으로 산스크리트어가 더 알

---

1 실재實在: ① 현실에 존재함 또는 존재하는 것. ② ((철학)) 실제로 존재하는 사물·사상事象·사유 혹은 체험. 객관적으로 존재하는 것. 주관으로부터 독립하여 객관적으로 존재하는 것. 객관적 자연에 속하는 것. 다시 자연을 생명 변화의 현상계現象界로 볼 때는 이러한 현상적 규정을 초월하는 영구불변의 형이상학적 실체·본체를 의미함. ↔가상假像.《국어 대사전》, 이희승 저, 민중서관, 1975, 참조.

려져 있지만 이 글에서는 빠알리 용어를 사용함으로써 붓다의 근본 가르침과 인연이 있음을 밝히고자 한다. 산스크리트어는 후대에 와서 붓다의 교리를 담아내는 데 쓰였던 언어인데 몇몇 용어들은 그 의미는 물론 궁극적 목적이 현저히 달라졌다는 것을 알 수 있다.

숫따_Sutta_ - 붓다의 설법. 법문. 경經.

띠삐따까_Tipiṭaka_ - 문자 그대로 '세 바구니'라는 뜻이다. 경經·율律·논論, 삼장三藏. '빠알리 경장'이라고도 불린다. 붓다의 가르침을 담은 가장 오래된 경전이다. 기원전 80년경 스리랑카에서 암송으로 전해져 오던 붓다의 말씀을 문자로 옮겼다. '세 바구니', 삼장으로 구성되어 있다. 삼장은 승가의 계율을 모은 율장인 위나야 삐따까_Vinaya Piṭaka_, 붓다의 법문을 모은 경장인 숫따 삐따까_Sutta Piṭaka_ 그리고 논장인 아비담마 삐따까_Abhidhamma Piṭaka_이다.

아비담마_Abhidhamma_ - 빠알리 삼장의 세 번째 부분. '대법對法'. 네 가지 궁극적 실재, 즉 물질성, 식識, 마음 요소[心所], 열반에 대한 매우 관념적이고 상세한 분석. 아비담마는 난해하지만 붓다의 가르침을 이해하는데 매우 도움이 되는데 깊은 통찰의 관점에서 마음과 물질의 본성 그리고 열반을 설명하고 해설하기 때문이다.

위빳사나*Vipassanā* - 관觀. 통찰. 실재實在를 통찰. 우리 경험의 특성에 대한 통찰. 우리 존재 방식에 대한 통찰. 위빳사나는 우리의 몸과 마음 그리고 조건지어진 모든 것의 본성을 알기 위한 통찰 명상이다. 위빳사나 수행의 궁극적 목표는 우리 삶의 불만족과 고통의 주된 원인인 갈애·취착·무명과 같은 정신적 번뇌를 모두 제거하는 것이다. 위빳사나 수행을 통해 우리는 집착에서 벗어나 초연해지고 청정해질 수 있다. 명상이 진전되면 될수록 더욱더 초연해져서 자기 마음이 어떻게 움직이는지, 어떤 점에서 실수를 하고, 어떻게 자신의 세계를 만들어 가는지 볼 수 있게 된다. 요컨대 위빳사나 수행을 통해 모든 조건지어진 것들이 무상無常, 고苦, 무아無我임을 꿰뚫어 볼 수 있게 되면 잘못된 견해가 바로 잡히고 무명에서 벗어나게 됨으로써 궁극적으로 열반에 이르게 된다.

사마타*Samatha* - 지止. 집중 명상 수행. 사마타 수행은 마음이 한곳에 집중되고 고요하고 청정해지기 위한 것이다. 명상하는 사람은 완전한 몰입상태인 선정禪定 *jhāna*에 이를 때까지 오로지 하나의 대상에 집중하여 알아차림 한다.

자아나_Jhāna_ − 선정禪定. 정신적 몰입상태. 여러 단계가 있고 사마타_samatha_[止] 수행으로 이르게 되는 높은 경지.

둑카_Dukkha_ − 고苦. 불쾌함. 불만족. 불편함. 고통. 모든 조건지어진 사물과 현상의 세 가지 보편적 속성인 삼법인 三法印 중 하나. 삼법인은 무상無常 _anicca_, 고苦 _dukkha_, 무아無我 _anattā_이다.

비구_Bhikkhu_ − 비구, 남자 승려.

개념Concept − 심적 개념, 명시적 의미. 사물이나 현상, 행동, 특성 등에 붙여지는 이름. 개념은 어떤 사물과 현상의 실재 자체를 표현하는 것이 아니고 단지 그 사물과 현상의 표상, 해석, 환영幻影을 나타낼 뿐이다.

업-재생-윤회를 왜 알아야 하는가

붓다의 가르침이 얼마나 의미심장한지 원음 그대로 이해하려면 가르침의 골격이 되는 세 가지 원리, 즉 업-재생-윤회를 제대로 이해해야 한다. 이 세 가지는 대부분의 아시아 불자들은 익숙하게 받아들이는 것이지만 많은 서구인들에게는 매우 의심쩍고 무거운 주제일 것이다.

그렇다고 해서 서구인들이 이 세 가지 원리의 의미를 전혀 모른다는 뜻은 아니다. 각 낱말이 무엇을 뜻하는지 어렴풋이 알기는 할 것이다. '윤회'의 개념은 익숙하지 않다 해도 '업'이나 '재생'이라는 말이 관심을 끌 수도 있다. 하지만 오늘날 많은 이들은 대체로 업-재생-윤회의 가르침이 실제로 근거가 있는지 확신하지 못하고 긴가민가 의심하며 불편해한다. 이렇게 자문했을지 모른다. '이 가르침은 어디까지가 은유나 우화, 신화인가 또는 윤리를 가르치는 데 쓸모가 있을까? 그리고 이 가르침은 우리 생生과 우주의 원리로서 얼마나 실질적으로 작동할까? 이 원리들을 말 그대로 받아들여야 할까? 오늘날 포스트모던 시대의 인간들에게 이 원리들은 단지 무의미한 오래된 종교적 유물에 지나지 않는 것일까?'

아래에서 붓다의 이 세 가지 가르침에 대해 설명하고 나의 개인적인 의견을 제시하고자 한다. 이 글에서 제시하는 나의 의견을 여러분이 무턱대고 받아들이지 않길 바란다. 오히려 이 글의 목적은 당신 스스로 명확하게 이해하고 그 답을 찾아가도록 하기 위함이다. 그렇게 되면 업-재생-윤회의 세 가르침이 당신에게 매우 중요하며 지대한 영향을 미칠 것이다. 업과 재생의 원리를 납득시키려고 이런저런 증거들을 제시하거나 신기한 이야기를 열거하지는 않겠다. 이런 식의 설명은 이미 많이 있었고, 나는 이런 억지스러운 방식을 그다지 좋아하지 않는다. 내가 보기에는 전생을 기억하는 사례들에 관한 기록은 재생에 대해 다소 편협하고 편향되게 생각하도록 만든다. 그러한 사례들을 안다고 해서 사람들이 생生과 사死라는 미스터리를 더 깊이 이해할 수 있을 것 같지는 않다.

예를 들어 유럽 어느 도시에서 마주치는 사람들에게 대뜸 물어본다고 하자. '당신은 죽은 후 다시 태어날 거라고 생각합니까?' 어떤 사람들은 '그렇지 않다'고 답할 것이고, 서구 종교를 믿는 사람들은 '그렇다'고 답할 것이다. 또 다른 사람들은 대답하기를 망설일 것이다. 붓다의 가르침에 비추어보면, 이 세 부류 모두 어느 정도는 맞고 어느 정도는 맞지 않다.

붓다의 가르침에서는 죽으면 몸과 마음은 사라지고 그와 똑같은 몸과 마음이 다시 태어나지는 않는다고 한다. 이 점에서 첫째 부류의 답이 맞아 보인다. 그렇지만, 축적된 강한 업력業力은 존재하고자 하는 갈애[愛]에 따라붙는 특정한 업의 잠재력[取]인데, 이로 인해 새로운 몸과 마음이 있게 된다[有]. 그리고 새로운 존재가 태어날 것이다[生]. 따라서 둘째 부류의 답이 맞는 듯하다. 그러나 붓다의 가르침에 따르면 영구히 다시 태어나는 '나'라는 실체는 없다. 위와 같은 질문은 그 자체가 잘못된 셈이다. 이렇게 보면 어떤 입장도 밝히지 않은 세 번째 부류가 적절하게 대응했다고 볼 수 있다.

이와 같은 사례로 알 수 있듯이 복잡한 종교적 문제를 '예 또는 아니요' 같이 이분법적으로 접근하다가는 대개 핵심을 놓치고 만다. 흑과 백으로 가르는 융통성 없는 방식으로는 실재의 심층까지를 아울러 표현하기에는 충분하지 않은 것 같다. 이분법이란 너무 경직되고 단순하기만 하다. 진실을 꿰뚫어 보는 데 보다 도움이 되려면 신중하고 선입관 없이 세심하게 사물의 본성에 주의를 기울여야 할 것이다. 이 글에서는 생과 사를 거듭하며 윤회하는 우리 존재를 온전히 이해할 수 있도록 돕는 새로운 차원의 길을 제시하고자 한다.

서양 사람들 역시 급격히 세계관이 변해왔지만, 여전히 마음이란 뇌의 작용에서 생기는 것이라고 굳게 믿고 있다. 그러므로 육체가 죽으면 삶이 더 이상 지속되지 않고 확실하게 끝나며, 우리가 경험하는 의식[識]의 흐름도 완전히 끊어진다고 본다. 이렇게 믿는 것은 그럴듯하고 간단하고 논리적인 것같이 들린다. 어쩌면 너무도 단순하여 사람들로 하여금 '지금 당장 누릴 만큼 누려라, 결과 따위야 어찌 되든'이라고 생각하게 만들 것이다. 이러한 서구적 관점은 우리를 잘못된 길로 이끌기 십상이다. 선하거나 불선한 행위는 삶의 질에 전혀 영향을 끼치지 않는다거나, 끼쳐도 아주 조금일 뿐이라는 잘못된 관점을 지닌다면 결국은 파멸에 이르고 말 것이다. 붓다는 이러한 물질주의적 관점을 인정하지 않으셨으며, 실재와 부합하지 않는다고 말씀하셨다.

물질주의가 본래부터 나쁘다거나 악하다는 것은 아니다. 알다시피 붓다 시대에는 물질을 중요하게 여겼던 사람들이 상당히 합리적이고 온건했을 것이다. 그런데 서구 물질주의가 안고 있는 문제점은 이루 다 말할 수 없고 형언하기 힘든 우주의 본질을 너무나 편협하고 일방적으로 해석해서 실재를 몹시 왜곡할 수 있다는 것이다.

'업-재생-윤회'의 가르침을 우리가 현존하는 관점으로 보면, 불안과 걱정과 같은 불편한 느낌이 들 것이다. 이 주제는 우리의 생과 사 그리고 사후에 일어나는 일과 직접 연관되어 있기 때문이다. 죽음에 직면하는 것과 죽음 후의 미스터리를 푸는 것은 우리 모두에게 어려운 부분이다. 우리는 이 문제에 손을 쓸 수 없다는 점을 알고 내심 불안해한다. 이 주제에 대해 생각할 때 자신을 압도하는 불안감과 당혹스러움을 피하기 위해 주제 자체를 회피하려는 사람들도 있다. 이런 태도는 치통을 앓고 있는 환자가 치과는 가지 않고 진통제만 계속 먹고 있는 것과 다를 바 없다.

붓다가 깨달음을 이루신 날 밤, 깨닫기에 앞서 두 가지를 성취하셨다. 윤회하는 자신의 과거 생들을 명확하게 보셨고[宿命通], 끝없이 되풀이하는 재생의 과정에서 업이 어떻게 작용하는지를 두루 보셨다[天眼通]. 붓다는 이 두 수승한 지혜를 통해 네 가지 성스러운 진리[四聖諦]를 깨닫고 모든 '번뇌'를 이겨내고 궁극의 깨달음인 완전한 해탈을 이루셨다.

업-재생-윤회를 깊이 이해하면 할수록 붓다의 가르침이 보편 진리라는 믿음과 담마를 실천하고자 하는 마음이 더욱 커진다. 붓다의 가르침을 통해 이 세 가지를 깊이 이해하게 되면 매우 유익할 것이다. 그래서 이 세 주제에 관해 교리에 매이지 않고 자유롭게 서구인의 사고방식에 익숙한 용어로 설명해보고자 한다. 원래 업-재생-윤회, 이 세 원리는 서로 긴밀하게 얽혀 있다. 그렇지만 이 글에서는 되도록 주제별로 설명해보겠다.

1. 업

오늘날 업의 원리는 서구인들에게 그다지 낯설지 않으며 우리는 업에 대해 이미 어느 정도 직관적으로 알고 있다. 업의 원리란 모든 행위에는 반드시 어떤 결과가 따른다는 것이다. 게다가 우리가 하는 행동은 자신의 성품에 영향을 미친다. 다시 말해 행위 하나하나는 성품에 영향을 주고, 성품은 삶의 질에 직접적인 영향을 미친다. 우리는 행위와 성품과 삶의 질의 상관관계를 알고 있다. 그런데 업의 가르침은 업이 작동하는 전 과정을 훨씬 깊고도 철저하게 다루고 있다. 서구 문화에서는 우리의 행위가 주위에 주로 어떤 영향을 끼치는지 익숙하게 알고 있다. 그러나 업의 가르침에서는 오히려 우리의 모든 행위가 우리 자신에게 끼치는 영향에 초점을 맞추고 있다.

몸[身]으로, 말[口]로, 마음[意]으로 하는 모든 행위가 업이다. 더 정확히 말하자면, 업이란 행위 하나하나에 담긴 의지나 의도*cetanā*를 뜻한다. 이러한 의도에는 본래 그에 상응하는 결과인 과보, 위빠아까*vipāka*를 가져오는 잠재력이 있다. 의도를 씨앗이라면 그 결과는 열매라고 할 수 있겠다. 말하자면 우리의 모든 의도는 업이 되는데 아직 과보가 나타나지 않았을지라도 그 업으로 인한 과보가 언제든 나타날 가능성은 어김없이 쌓여 있는 것이다.

물리학과의 유사성

업의 가르침은 물리학의 '질량 에너지 보존의 법칙'과 유사하다. 이 고전물리학의 기본 법칙은 어떤 것도 흔적없이 사라지지 않는다고 한다. 우리가 살고 있는 상대적인 세계에서는 물리적으로나 화학적으로 변환이 일어날 뿐이지 완전히 사라지는 것은 아무것도 없다. 물 한 방울조차 없앨 수 없다. 물은 마르거나 증발해도 나중에 다시 응결할 것이다. 물이 얼면 언젠가 다시 녹는다. 물을 수소와 산소로 전기분해할 수도 있다. 하지만 이 기체혼합물에 불을 붙이면 작은 폭발이 일어나고 용기에는 물기가 맺힐 것이다. 이 물기는 불타고 남은 '재'인 셈이다.

물방울의 원자를 분해하면 엄청난 양의 에너지가 나온다. $E = mc^2$ 공식에 적용하면, 에너지는 물방울의 질량 곱하기 빛의 속도 제곱 아닌가! 고에너지 입자가속기가 증명하듯이 에너지는 '결정체'를 이루어 다시 물질로 변환될 수 있지만 다른 종류의 에너지로 바뀔 가능성이 훨씬 더 크다. 태양 에너지가 좋은 예이다. 태양에서 수소 원자는 핵융합을 하여 헬륨이 된다. 핵융합이 일어나면서 에너지가 우주로 방출되고, 그리하여 지구에서 햇빛을 받게 된다. 또한 식물의 엽록소가 햇빛을 받아서 나무가 자라는 것이다. 나무를 베어 불을 피운다고 하자. 나무에 축적된 태양 에너지가 모닥불이 되어 음식을 익힐 것이다. 또한 내연기관 엔진 실린더에서 화석 연료가 활활 타면 아주 먼 옛날에 쌓였던 태양 에너지가 가동해서 자동차는 빨간 신호등을 만날 때까지 신나게 달리게 된다. 빨간불이 켜져서 제동 페달을 밟으면 자동차의 운동 에너지는 제동 장치의 열 에너지로 변환된다.

우리는 이런 복잡한 물리 화학 과정이 어떻게 일어나는지 몰라도 잘 살 수 있지만 그런 과정이 있다는 사실을 부정할 수는 없다. 업의 가르침은 눈에 보이는 물질의 영역에서 포착하기 힘든 마음의 차원까지 이 우주의 법칙, 즉 에너지 보존의 법칙이 연장된 것이라 보면 될 것이다. 정신적 충동 역시 흔적 없이 사라지지는 않는다. 오히려 모든 의도는 우리 마음속에 각인되거나 그 에너지의 싹을 키우고, 업이 되는 어떤 의도가 적당한 외적 조건을 만나 무르익으면 어떤 결과를 낳을 것이다. 마음이 작동하는 과정이 미약하거나 대수롭지 않다고 혹여 오해하지 마시길! 사람들은 새로운 항공기가 보잉사의 워크숍이나 작업실에서 만들어졌다고 생각할지 모르지만, 항공기는 제일 먼저 마음속에서, 즉 보잉사 기술자와 기능공들의 생각, 개념, 아이디어에서 시작되었다. 실제로 마음이야말로 모든 행위에 앞서고 모든 인류 문명의 설계자이다.

물은 바다를 향하여

붓다는 열반이란 태어나지 않음, 생겨나지 않음, 만들어지지 않음, 형성되지 않음의 경지라고 설명하신다(《우다나》 8:3). 이러한 관점으로 보면, 형성되지 않고 생겨나지 않는 근원적 상태의 평온함과 '건강함'이 어떤 식으로든 지 깨지게 되면 어떤 현상이 나타나게 된다. 거시적으로 보면 우리의 의도 때문에 완벽하게 균형 잡힌 평형 상태를 벗어나게 되고, 결국 벗어나고야 만다. 근원 상태의 평온이라는 관점에서 보면 선하든 악하든 모든 의도는 들 뜸이고 '갚아야 할 빚'이라 하겠다. 동시에 평형 상태로 되돌아가려는 불균형 상태이다. 평형은 그 상태가 유지되지 못하고 깨지면 스스로 회복하려는 속성이 있어서 원래의 상태로 되돌아가 균형을 취한다.

나아라다 큰스님은 이렇게 비유했다. "물이 결국 수평을 유지하려 하듯이 업도 기회가 되면 필연적인 과보를 낳아 균형을 이룬다." 과보는 업이 익어서 '빚 갚음'을 하는 것으로, 어떤 특정한 업에 잠재된 에너지가 분출하여 과보로 나타난다. 이로써 본디 균형 잡힌 완전한 평형 상태로 되돌아가게 되는 것이다.

이와 같이 업에 대해 간략하게 설명해보았다. 여러모로 정밀하지는 않지만 내가 전하려는 요점은 나름 충분히 전해지지 않았을까 한다. 요컨대 '태어남'과 '형성됨'이란 본질적으로 균형을 잃은 것이고 깨지고 부서진 상태이다.

물이 수평을 이룬다는 비유는 자칫 모든 업이 과보로 나타나고서야 궁극의 해탈에 이를 수 있다고 생각하게 한다. 그러나 붓다의 가르침은 전혀 그렇지 않다. 과거의 업 중 어떤 것은 과보로 드러날 수밖에 없겠지만 과거에 지은 모든 업이 모두 과보로 나타난 후에야 깨달음을 얻는다는 뜻이 아니다. 붓다는 네 경지의 깨달음이 있다고 설하셨는데, 각 경지는 '도道 *magga*'와 '과果 *phala*'[2]로 구분된다.

각 경지에 이를 때마다 쌓여 있는 불선업의 어느 부분이 정화되거나 무력화된다. 첫 번째 경지인 예류과와 두 번째 경지인 일래과에서는 인간계보다 더 낮은 계에 재생하게 하는 거친 불선업이 제거된다. 세 번째 경지인 불환과에서는 욕계에 재생하게 하는 업을 끊어낸다. 네 번째 경지인 아라한과에서는 어떤 유형으로든 재생하게 하는 모든 업력이 뿌리째 뽑힌다. 그러나 해탈한 아라한도 여전히 업이 남아 있다. 그래서 죽을 때까지 마음과 몸이 있는 것이다.

---

2 사향사과四向四果: 수행을 통해 성인이 되는 과정과 도달한 경지로 사쌍 팔배四雙八輩라고도 함. 예류도豫流道-예류과豫流果, 일래도一來道-일래과 一來果, 불환도不還道-불환과不還果, 아라한도阿羅漢道-아라한과阿羅漢果.

아라한의 죽음인 반열반*parinibbāna*[3]에 드는 것은 담마 수행의 최정점에 이른 것이다. 반열반에 들어야만 그동안 쌓인 업이 과보로 나타날 가능성이 완전히 없어지고 업이 작동하지 않게 된다. 붓다는 법을 실천해가는 길에서 매사에 선을 행하라고 독려하신다. "일체의 악을 짓지 말고 선을 받들어 행하며 스스로 그 마음을 맑게 하라."《법구경》게송 183)[4].《증지부》(7:58)에서는 제자들에게 선행을 행하라고 분명하게 촉구하신다.

'고집스런 할머니'의 요리

나이 많고 고집스런 할머니와 같이 산다고 하자. 할머니가 주로 요리를 맡아 한다. 연로하여 손수 장 보러 가지는 못하고 전적으로 식구들이 가져다주는 재료에 의존해

---

3 반열반*parinibbāna*: 아라한의 무여열반.

4 諸惡莫作(일체의 악을 짓지 말고) 衆善奉行(일체의 선을 받들어 행하고)
自淨其意(스스로 그 마음을 맑게 하라). 是諸佛法(이것이 붓다들의 가르침이다).
sabbapāpassa akaraṇaṃ kusalassa upasampadā sacittapariyodapanaṃ etaṃ Buddhānaṃ sāsanaṃ.《법구경法句經 *Dhammapada*》게송 183.

서 요리를 한다. 하지만 부엌에는 크고 깊숙한 냉장고가 있어서 식재료를 미리 대주지 못해도 식사를 거르게 만들지 않는다. 요컨대 식사 문제에 관한 한 할머니는 아주 믿음직하다. 하지만 할머니에게는 큰 문제점들이 있다. 첫째, 그녀는 귀가 먹어 당신 말을 알아듣지 못한다. 그래서인지 의사소통에는 아예 관심이 없다. 따라서 식구들의 음식 취향은 아예 무시하고 자기식으로 취향대로 요리해 버린다.

당신이 몸에 좋은 음식을 먹고 싶으면 좋은 식재료를 가져다드려야 한다. 좋은 재료를 사용하면 할머니도 좋은 음식을 만들 것이다. 그런데 날마다 상한 소시지나 매운 고추, 냄새나는 달걀을 가져다주면서 맛 좋고 신선한 요리가 나오기를 기대한다면 얼마나 어리석은 일이 되겠는가? 지금 우리가 든 비유에서라면 음식이 입에 맞지 않으니 벌떡 일어나서 음식점을 찾아 나설 수 있다. 그러나 우리의 인생살이에서는 과거의 업이 그 과보를 들이밀면 우리는 속절없이 주는 대로 삼킬 수밖에 없다.

이렇게 업과 과보의 관계를 할머니 이야기에 비유해 보았다. 그런데 실제로 업의 법칙은 그렇게 엄격하게 기계적으로 작동하지는 않는다. 업이 전개되는 방식은 매우 유동적이고 엄청 복잡한 시계 장치 같아서 밝히려 드는 일만으로도 도대체 엄두가 나지 않을 것이다.

우리 삶에서 일어나는 사건들은 결코 이유 없이 우연히 일어나지 않는다. 사건은 제각기 원인이 있기 마련이고 그것도 한 가지 원인이 아니라 여러 가지가 얽혀 있다. 그렇다고 모든 일이 전적으로 업이 원인이 되어 일어난다고 생각하는 것도 맞지 않다. 상좌부불교에서는 업의 가르침을 인과법의 한 양상으로 본다. 아비담마에서는 조건 관계[緣]를 24가지 종류[5]로 설명하는데, 업과 과보는 그 가운데 두 조건이다. 다수의 조건들 중에서 단 두 가지에 불

[5] 빠알리 논장Abhidhamma Piṭaka의 《발취론Paṭṭhānapāḷi》에서 모든 현상[諸法]의 인연, 발생 조건에 관해 해설하고 있다. 조건은 아래 24가지로 제시하고 있다.
(1) 원인의 조건[因緣] (2) 대상의 조건[所緣緣] (3) 지배의 조건[增上緣] (4) 틈 없이 뒤따르는 조건[無間緣] (5) 더욱 틈 없이 뒤따르는 조건[等無間緣] (6) 함께 생긴 조건[俱生緣] (7) 서로 지탱하는 조건[相互緣] (8) 의지하는 조건[依止緣] (9) 강하게 의지하는 조건[親依止緣] (10) 먼저 생긴 조건[前生緣] (11) 뒤에 생긴 조건[後生緣] (12) 반복하는 조건[數數修習緣] (13) **업의 조건[業緣]** (14) **과보의 조건[異熟緣]** (15) 음식의 조건[食緣] (16) 기능[根]의 조건[根緣] (17) 선禪의 조건[禪緣] (18) 도의 조건[道緣] (19) 서로 관련된 조건[相應緣] (20) 서로 관련되지 않은 조건[不相應緣] (21) 존재하는 조건[有緣] (22) 존재하지 않은 조건[非有緣] (23) 떠나가 버린 조건[離去緣] (24) 떠나가 버리지 않은 조건[不離去緣]

과하지만 그러나 이 둘, 즉 업과 과보는 대단히 중요한 조건이다. 왜냐하면 우리 삶의 행복과 슬픔이 업과 과보, 이 둘에서 비롯되기 때문이다.

아비담마에서 말하는 24가지 조건의 체계는 마음과 물질의 영역에서 일어나는 모든 일을 설명하려는 것이다. 그 가운데 제13 업의 조건[業緣]과 제14 과보의 조건[異熟緣], 즉 업과 과보의 가르침은 제16 기능[根]의 조건[根緣]과 함께 이 체계 중에서 윤리적 부분을 구성하는 것이라 말할 수 있겠다. 과보는 탐貪, 진瞋, 치癡, 무탐無貪, 무진無瞋, 무치無癡, 여섯 가지에 뿌리 hetu-paccaya [6] 를 두고 있다. 예를 들면 '좋고 나쁨', '선善과 불선不善', '이로움과 해로움', '옳고 그름', '공덕 쌓음과 공덕 쌓지 않음' 등 기본적 이분법으로 말할 수 있다. 또 부차적으로는 '현명함과 어리석음', '능숙함과 미숙함', '자유로움과 얽매임', '떳떳함과 떳떳치 못함', '계를 지킴과 계를 지키지 않음' 등이다.

---

6 [원주] 업과 과보의 여섯 뿌리는 탐, 진, 치, 무탐, 무진, 무치이다.

선과 불선

'왜' 어떤 행위는 좋고 어떤 행위는 나쁜지 아는가? 물을 필요조차 없는 질문으로 보이겠지만 이게 그리 쉬운 문제가 아니다. 소위 '좋다는 것'은 왜 좋은 것이라 하고 '나쁘다는 것'은 왜 나쁜 것이라 하는가? 계속되는 초등학생의 질문같이 들릴 수도 있겠다. 하지만 이런 기본적인 질문에 많은 이들이 곤혹스러워하는 모습을 보고 나는 자주 놀란다. 윤리적인 격언을 들거나 철학적 관념으로 포장해서 설명해보지만 결국 모른다고 인정하고 만다. 다음 예문을 보면 도덕적 측면에서 좋고 나쁨이 어떤 근본적 차이가 있는지 알 수 있다. '좋은 것이 좋은 것은 마음을 행복과 자유로 이끌기 때문이고, 나쁜 것이 나쁜 것은 고통, 비참, 속박으로 이끌기 때문이다.' 나는 서른이 넘어서야 이 말의 의미를 깨달았다. 아주 단순하지 않은가? 그러나 결코 쉽진 않다. 도덕은 소신이나 철학의 문제에 그칠 일이 아니다.

아주 예민한 부분까지 알아차릴 수 있게 되면, 마음 [意], 말[口], 몸[身]으로 짓는 행위에 따라 성품이 얼마나 달라지는지 알 수 있을 것이다. 중요한 결정을 내릴 때 특히 그러하다. 그런데 이는 앞서 말한 업과 과보의 원리를 가볍게 확인시켜주는 것이고, 수행의 결과로 얻게 될 더 깊은 통찰력을 미리 맛보는 것이다. 업과 과보의 원리가 어떻게 작동하는지 제대로 이해하려면 반드시 재생을 염두에 두어야 하고, 우리 존재가 한 번의 생에 국한되지 않고 언제까지나 계속되는 과정이라는 것을 알아야 한다. 이러한 수준에 이르면 업과 과보의 원리는 곧 업의 법칙이라 하겠다.

업의 법칙에 담긴 기본적인 의미는 다음과 같다. 붓다는 '선善'이란 궁극적으로 여러 차원의 행복과 자유, 즉 욕계의 감각적 행복, 색계의 환희, 무색계의 정묘精妙한 지복에 이르게 하는 모든 의도와 행위라고 하신다. 선업善業은 결국 최상의 행복, 평온, 자유를 누리게 되는 열반에 이르게 해준다. 붓다는 '불선업不善業'이란 불만족, 괴로움, 속박으로 이끄는 모든 의도와 행위라고 하신다.

몇 가지 예

옆집에 불이 난 것을 본 이웃 사람이 어린 여자아이를 구하려고 불 속으로 뛰어들었으나 질식사하고 만다.

죽음은 두꺼운 사전에서 책장을 한 장 넘기는 것과 같다. 죽은 이웃 사람은 윤회의 과정에서 아마도 더 좋은 조건으로 다른 어디에선가 살게 될 것이다. 죽음의 스위치가 그동안 쌓여 있던 악업을 작동시켜 비참한 곳에 태어난다 해도 그곳에서의 삶은 그리 길지 않을 것이다. 이타적인 행동에 의한 선업은 반드시 열매를 맺어 그를 빛과 기쁨이 오래 지속되는 곳으로 이끌 것이다.

A는 친구 B의 집안 형편이 갑자기 어려워진 것을 알게 된다. A는 B를 금전적으로 도와주고 싶어 하는데 돈을 전하는 방식이 서툴러서 B는 가족들 보는 앞에서 수치심을 느끼게 된다. 이로 인해 둘의 친구 사이는 깨지고 만다.

지혜롭지 못한 연민은 바람직하지 않은 결과를 불러오기도 한다. 그러나 행위의 가치는 그 의도에 달려 있다. A

는 지금은 마음이 쓰리겠지만 선업을 지었다. 누군가를 도우려면 매우 세심하고 조심스러워야 한다는 교훈도 얻었다. B의 경제적 어려움은 과거에 지은 뿌리 깊은 업이 원인이 되었을 것이다. 도움을 준다는데도 받지 못했고 도와주겠다는 사람에게 화까지 내고 말았다. 그는 과거의 인색했던 행동으로 지은 업이 소진되지 않은 채 그 과보를 겪고 있는 것이 아닐까.

어떤 사업가가 지역 정신병원에 거금을 기부했다. 그렇게 해서 소득이 낮게 잡히려는 속셈도 있었다. 지역 당국은 기부를 환영했고 그는 사회적 지위가 올라갔다. 이같은 수법으로 그는 다음 해 소득세를 더 적게 낼 수 있었다.

이 이야기는 자선이라는 업에 탐욕과 약삭빠름이라는 업이 뒤섞인 경우이다. 이렇게 업이 뒤섞이면 그 과보 또한 복잡하게 섞일 것이다. 기부한 업의 결과가 바로 나타나 사회적 지위가 올랐다기보다는 이전에 지은 업의 결과가 나타난 것일 수도 있다. 어쩌면 과거에 동료들의 성공에 진심으로 기뻐해준 적이 있었을 것이다.

남을 위해 한다고 하는 여러 가지 지원이 얼마만큼 옳고 선한가 하는 것은 그 행위가 전적으로 받는 사람에게 얼마나 도움이 될 것인가 하는 것만을 기준으로 해서 판단할 것은 아니다. 다음의 세 가지 요소가 충족되어야 한다. 주는 이의 진실성, 받는 이의 진실성, 그러한 지원이 가지고 있는 가치, 이 셋이다.《증지부》 6:37)[7] 남을 위해 시간을 들이고, 기술을 전수하고, 그들을 보호하고 보살펴 주는 등 온갖 봉사와 지원 행위에도 똑같은 기준이 적용된다.

인류의 역사를 볼 때 각 문명과 문화는 각각 다른 도덕률, 행동규범, 윤리관을 채택해왔다. 그러나 업의 법칙은 이런 범주를 넘어선다. 우리는 지금 사회적 규약이나 어떤 법제法制의 옳고 그름을 따지고 있는 것이 아니다. 업의 법칙은 실상實像 그 자체를 비춰주는 것이다. 달리 말하면 업의 작동은 통찰지로 실재를 직접 꿰뚫어 볼 때 알 수 있

---

7 **주는 자의 세 가지 구성요소:** '보시하기 전에 마음이 즐겁고 보시할 때 마음이 깨끗하고 보시한 뒤에 마음이 흐뭇하다.'
  받는 자의 세 가지 구성요소: '받는 자는 탐욕(성냄, 어리석음)을 여의었거나 탐욕(성냄, 어리석음)을 길들이는 도를 닦는다.'《앙굿따라 니까야Aṅguttara Nikāya 증지부》,〈보시 경Dāna sutta〉, 6:37 참조.

다. 업의 작동 방식은 옳고 그름에 대한 우리의 견해에 부합하지 않을 수도 있고 우리가 느끼는 정의감에 맞지 않을 수도 있다. 오히려 업의 작동 방식은 더 심오한 그 무엇, 다시 말해 윤회하는 존재가 따를 수밖에 없는 우주의 실제 보편법칙이다.

붓다는 누구나 행복을 추구하면서도 대부분의 사람들은 결국 괴롭고 비참한 과보를 가져오는 짓을 하고야 마는 것을 보셨다.[8] 이 때문에 붓다가 마침내는 가르침을 펴기로 결심하게 되셨다. 붓다 가르침의 주된 목적은 중생들이 고苦로부터 완전히 벗어나는 것이다. 그래서 붓다는 일상생활에서 무엇이 이롭고 해로운지도 짚어주셨다. 실제로 붓다의 가르침을 따르면 누구든 고통과 비탄을 가져오는 마음가짐이나 행동은 하지 않게 된다.

붓다는 선행과 불선행이 무엇인지 알 수 있도록 쉽게 설하셨다. 가장 대표적인 열 가지 불선행은 다음과 같다.

몸으로 짓는 행[身行]인 ① 살생 ② 도둑질 ③ 삿된 음행.

---

8 저자는 《디이가 니까아야*Dīgha Nikāya* 장부》 20경인 〈대회경*Mahāsamaya sutta*〉을 인용하고 있으나, '업과 윤회'는 《디이가 니까아야*Dīgha Nikāya* 장부》 23경 〈빠아야아시 경*Pāyāsi sutta*〉을 참조 바람.

말로 짓는 행[口行]인 ④ 거짓말 ⑤ 말전주 ⑥ 거친 말 ⑦ 쓸데없는 말이나 잡담.

마음으로 짓는 행[心行]인 ⑧ 탐욕 ⑨ 악의 ⑩ 사견邪見.

선행의 기준이 되는 두 종류의 목록이 있다. 그 하나는 열 가지 불선행과 정반대인 열 가지 선행이다. 재가자의 기본 계율인 오계는 이 열 가지에서 온 것이다. 오계는 살생 멀리하기, 주어지지 않은 것 갖기를 멀리하기, 부정한 성행위 멀리하기, 거짓말 멀리하기, 취하게 하는 것 멀리하기이다. 올바른 삶을 위한 이런 단순한 규준은 가장 대표적인 불선업으로부터 수행자를 보호해 준다.

선행 기준의 또 하나는 공덕행의 기본이 되는 열 가지이다.

① 보시 ② 지계 ③ 명상 수행 ④ 성현을 존중함 ⑤ 남을 섬김 ⑥ 지은 공덕을 회향 ⑦ 남의 공덕을 기뻐함 ⑧ 불법을 배움 ⑨ 불법을 가르침 ⑩ 바른 견해를 갖춤

경전에 나오는 선善과 불선不善에 대한 잣대를 받아들이기 쉽지 않다면 무엇이 선하고 불선한지 스스로 찾아 공부를 해보는 건 어떨까. 마음을 오롯이 행복과 평화로 이끄는 행동을 선이라고 하고, 구속과 고뇌로 이끄는 행

동을 불선이라고 하자. 어리석은 이가 이 공부를 하기는 쉽지 않지만, 세심하고 꾸준하게 이 공부를 하면 통찰력이 커질 것이다. 그리고 더욱 지혜롭고 겸허해지는 데 도움이 될 것이다.

우리의 본성이 어떻게 작용하는지 알아내는 것은 개인적 관심에 달렸다. 나의 삶을 지배하는 실제 원리와 그 관련 방식을 스스로 발견해내는 데 실패한다 해도 그 실패를 인정할 수 있을 정도로 지혜롭기만 하다면 나보다 훨씬 밝은 눈을 갖춘 분의 통찰력을 믿고 따르고 싶어질 것이다.

이제 무엇이 선이고 무엇이 불선인지 좀 더 엄밀하게 정의해보자. 어떤 행위의 숨은 의도가 탐욕[貪 lobha], 성냄[瞋 dosa]과 어리석음[癡 moha]에 뿌리를 두면 그 업은 불선하다. 그 이유는 불선업이 만족스럽지 못하고 바람직하지 않고 즐겁지 않은 결과를 낳기 때문이다. 반면 의도가 무탐無貪(보시, 이기심 없음), 무진無瞋(친절, 다정), 무치無癡(명확한 이해, 통찰, 지혜)에 뿌리를 두면 그 업은 선하다. 이유인즉 선업이 행복하고 바람직한 결과를 낳기 때문이다.

추레한 승객

버스 안에서 누군가 내 가방에서 지갑을 훔쳤다. 이 일은 과거에 내가 저지른 도둑질의 결과일지도 모른다. 어쩌면 과거 생 언젠가 나는 소매치기였을지도 모른다. 과거에 지은 업으로 인해 이 일이 벌어졌을 수도 있다. 이처럼 이 사건에 대해 여러 가지로 반응할 수 있다.

① 바로 내 옆에 앉아 있던 추레한 차림을 한 사내가 계속 생각난다. '바로 그 사람이야!'라며 마음속에서 분노와 증오가 치밀어 오르는데, 그것은 탐욕과 증오에 기인하는 부정적인 업이다. 이런 업이 익으면 내가 그 업을 지을 당시의 탐·진·치가 얼마나 성했던 가에 비례하여 그만큼 나쁜 과보도 나타날 것이다.

또 달리 반응할 수도 있다.

② 나는 추레한 그 사람을 떠올리며 이런 생각이 난다. '그 사람이 훔쳤을지도 모르겠어. 몹시 가난한 사람도 있지. 20달러는 별 도움이 안 되었을 텐데. 다음에라도 만나면 사회복지

프로그램에 대해 알려줘야겠다. 아마도 모르고 있을 거야.'
이렇게 반응하는 경우 나는 욕심 없음, 배려, 친절한 마음으
로 한 가지 선업을 지은 것이다.

이 같은 상황에서 우리가 어떻게 대처하는지에 따라
삶의 질이 달라진다는 것을 확실히 느낄 것이다. ①의 예
처럼 무턱대고 반응하면 마음은 메마르고 이기적이고 냉
혹해질 것이다. ②의 예처럼 자비심과 평정심을 가지고 열
린 마음으로 친절하게 대해 버릇하면 삶은 밝아지고 빛나
고 뿌듯해질 것이다.

또한 세 번째 반응도 있다. 깨달은 분, 완전히 자유로운
분의 반응이다.

③ 마음은 온전히 열려있고, 반응하지 않으며 평정심을 유지하
여 상황을 명확하게 인지한다. 지혜와 연민을 바탕으로 하여
적절하게 대응하기도 하지만 때로는 아무런 반응도 하지 않
는다.

이런 자유로움과 초연함, 여유로움과 지혜로운 평정심
을 지니기는 어렵다. ②의 예에서 '훌륭하게' 균형을 잡은

평정심이 있으면 선업을 짓는다는 것을 알 수 있다. 마지막 ③의 예는 오롯이 순수하고 초연한 데서 비롯된 최상의 평정심을 보여준다. ②와 ③의 차이는 미미하여 겉으로는 구별하기 힘들다. 그런데 아라한은 때로 무척 단호하기도 한데 그럴 때조차도 그 마음은 늘 '지혜롭게 균형이 잡혀있고' 모든 부정적이거나 혼란스러운 감정으로부터 자유롭다. 아라한들이 아만을 떨쳐버리고 무심하게 대응하는 것은 지혜와 그들의 본성이 조화를 이루기 때문이다. 따라서 아라한들은 업을 짓지 않는다.

있는 그대로 보려면

업을 짓지 않는 것이 위빳사나 수행, 즉 통찰 명상 수행의 주된 목적은 아니다. 통찰 명상 수행을 하면 자신이 어떤 경험을 할 때 욕망이나 혐오감으로 반응하지 않게 된다. 통찰 명상 수행은 모든 마음 대상, 모든 마음 상태, 모든 경험으로부터 초연해지는 훈련이다. 위빳사나 수행에서는 우리가 겪고 있는 경험에 관여하지 않고 근본적으로 마음 화면에 나타나는 모든 것을 있는 그대로 받아들이도록 배운다. 그 모든 것을 분명하게 인지하고 그 본성에 대해 빈틈없이 계속 주의를 기울인다. 그렇게 하는 것은 텔레비전을 보는 것과 같다. 프로그램에 빠져드는 대신 텔레비전 수상기와 화면의 실체를 인지하기 시작한다. 다시 말해 '텔레비전에 전원이 켜져 있구나.'라고 알기 시작한다. 이런 식으로 대상을 명확하게 알아차리면 아주 잠깐일지라도 그 순간에는 대상에 끌려가지도 않고 대상을 외면하지도 않는다. 이렇듯 모든 사물을 왜곡하지 않고 바르게 보려면 반드시 먼저 대상과 거리 두기를 해야만 한다.

우리는 통찰력을 키우고, 자신의 마음을 알고, 마음이 어떻게 작동하는지 살펴보고, 마음의 본성[無常]을 알아차리고, 궁극의 실재[無我]를 경험하고, 속박과 불행과 고통[苦]으로부터 자유로워지고자 위빳사나 수행을 한다. 그러기 위해서는 우리가 의식하는 모든 세상사와 대상으로부터 적정한 거리를 두어야 한다. 유리창에 코를 박고 길거리에서 벌어지는 일을 보는 데 빠져 있으면 정작 유리창은 볼 수가 없지 않은가.

사과나무에 바나나가 열리랴

조건에 따라 달라지는 이 상대적 현실 세계를 사는 한 우리는 인과법칙의 지배를 받을 수밖에 없다. 업과 과보의 원리는 늘 우리 삶에 작동하며 영향을 미친다. 때때로 우리는 원인과 결과가 어떻게 연결되는지 궁금해한다. 또한 어떤 특정한 결과를 낳는 바로 그 원인이 무엇인지 알고 싶어 한다. 가끔은 원인을 대충 짐작하지만 대개는 잘 모른다. 우리는 그런 것을 알만한 능력을 아직 갖추지 못했다.

업과 과보는 아주 복잡하게 작동한다. 붓다만이 중생의 숱한 생에서 업과 과보가 어떻게 작동하는지 보실 수 있다. 붓다는 업과 과보의 작동원리를 평범한 인간의 머리로는 도저히 헤아릴 수 없는 네 가지 '불가사의 *acinteyya*'[9] 중 하나라고 천명하셨다.(《증지부》 4:77) 업은 기계적으로 순서대로 예측할 수 있게끔 익어가지도 않고 미

---

9 네 가지 불가사의: ① 부처님의 경지 ② 선을 닦는 자의 경지 ③ 업의 과보 ④ 세상에 대한 사색(해와 달의 생성기원 등). *acinteyya*는 *cinteti* 생각(사념)하다 동사의 원망법에 부정의 접두사 첨가. 《앙굿따라 니까야야 *Aṅguttara Nikāya* 증지부》〈생각할 수 없음 경*Acinta sutta*〉 4:77 참조.

리 정해진 시간에 맞춰 익어가지도 않는다. 많은 요소들이 돕거나 방해하며 상호작용하므로 사건들끼리 어떻게 상호 연결되는지 정확히 집어내기가 어렵다 못해 거의 불가능하다.

(1) 살생을 되풀이하면 몸이 무너져 죽은 뒤 더 안 좋은 곳, 처참한 곳[苦界], 심지어 지옥에 재생할 수 있다. 인간으로 재생하더라도 이 업 때문에 단명할 것이다.

(2) 살생을 삼가고 생명을 보호하면 밝고 행복한 더 높은 세상[天上界]에 다시 태어날 것이다. 사람으로 다시 태어난다면 선업으로 인해 장수할 것이다.

(3) 살아있는 존재들을 괴롭히고 잔인하게 대한다면 그와 똑같은 괴로움을 되받을 것이고 병에 걸리기 쉬울 것이다.

(4) 오랜 기간 동안 내내 생명 해치기를 삼가면 행복과 건강을 누릴 것이다.

(5) 분노, 증오, 악의를 품고 살면 추한 모습으로 태어날 것이다.

(6) 인내하고 관용하는 마음으로 살면 아름다운 모습으로 태어날 것이다.

⑺ 질투가 심하면 누구한테서도 존중받지 못할 것이다.

⑻ 남이 성공할 때 시기하지 않고 함께 기뻐하면 다른 이들로부터 존중받으며 살 것이다.

⑼ 인색하면 운이 나쁘고 빈곤하게 될 것이다.

⑽ 보시를 하면 부유하게 될 것이다.

⑾ 거만하고 가혹하고 무례하면 비천한 가문에 다시 태어날 것이다.

⑿ 겸손하고 온화하고 무례하지 않으면 귀한 가문에 다시 태어날 것이다.

⒀ 무엇이 진실인지, 무엇이 이롭고 해로운지 전혀 알려 하지 않으면 더욱더 어리석고 무지해질 것이다.

⒁ 무엇이 진실인지, 무엇이 이롭고 해로운지 알고자 하면 지혜가 증장하고 통찰지에 이르는 길을 걷고 있는 것이다.

이러한 업의 법칙에 동의하지 않을 수도 있다. 그러나 우리 행동이 마음에 영향을 미쳐 삶에 영향을 준다는 분명한 사실을 부정하지는 못할 것이다. 하지만 다음과 같은 예를 들며 붓다가 가르치신 업의 법칙이 맞지 않다고 반론

할 수도 있다. '평생 도축업에 종사했지만 무척 선량한 노인이 있다거나, 식구 모두가 매우 인색한데도 몇 대에 걸쳐 매우 부유한 가족이 있다거나 또는 배려심이 깊고 사랑을 베풀고 친절한 어떤 어머니가 평생 갖가지 질병들로 고생하다가 끔찍한 암으로 돌아가신 경우도 있다.'라고.

누구나 세 얼굴을 지니고 있다는 사실을 안다면 업과 과보가 반드시 일치하지는 않는다는 점을 이해할 수 있을 것이다. 세 얼굴이란, 겉으로 보이는 얼굴, 자신이 알고 있는 얼굴, 실제 그대로의 얼굴이다. 업과 과보를 말할 때는 두 번째인 자신이 알고 있는 얼굴과 관련이 있다. 남들이 보는 면과 자신이 느끼는 면은 꽤나 차이가 있다. 부유한 이들 중 상당수는 풍요를 누리지 못하고 오히려 자신이 빈곤하다고 느낀다. 성공해서 늘 웃고 있어도 집에 오면 불행하다며 이불 속에서 우는 이들도 많다. 거짓된 겉모습에 속지 말라. 사람들에게 자신의 모습이 어떻게 보이게끔 하는지, 자신의 창피한 면모를 숨기고 꾸미려고 얼마나 애쓰고 있는지 생각해 보라.

그런데 우리가 이번 생 한 번만 산다는 생각으로 업의 작용을 헤아린다면 업과 그 과보의 관계가 애매하고 분명치 않아 보이는 것이 사실이다. 그 때문에 업 이론이 타당한지 의심할 것이다. 그리고 여러 불규칙하고 예외인 경우를 떠올리고는 업 이론이 자연의 이치라는 주장은 타당하지 않다고 생각할 수 있다.

하지만 우리는 일상생활에서 업이 작동하는 것을 가끔씩은 지각할 수 있다. 주위환경은 마치 거울과도 같아서 우리가 보내는 것은 반사되어 되돌아오기 마련이다. 내가 하루를 잘 보내면 매사가 순조롭게 풀리고 모든 이들이 친절하고 즐겁다. 내가 적의를 가지고 있으면 사람들은 까닭 없이 나에게 화를 낸다. 내 기분이 좋으면 돌도 웃을 것이요, 내가 화나 있으면 열린 창문에 머리를 부딪칠 수도 있다.

자신의 잣대에 어긋나는 일을 하면 마음에 어떤 변화가 일어나는지 잘 살펴보라. 마음이 위축되는 순간 온 세상이 싫어지고 허탈해지면서 멍청이처럼 행동한다. 반면, 나쁜 점괘로 생긴 걱정을 떨쳐버리고 집안의 구석구석을 청소하고 나면, 여전히 표정은 시무룩할지라도 마음은 개운한 기운이 퍼져서 흐뭇해질 것이다. 이것을 '즉각적인 업'이라고 할 수 있다. 하고 싶은 말을 꾹 참았을 때 마음이 어떻게 변했는지 생각해 보라.

금생에서도 업과 과보의 관계가 밀접한 경우를 알 수 있다. 선하고 사려 깊고 남을 위하는 행동을 하면 기분도 좋고 마음도 열리고 남들과 잘 통한다고 느낀다. 남을 배려하며 정직하고 친절하게 대하면 자연히 사람들이 당신을 도와주며 함께 어울릴 것이고 친구가 많아질 것이다. 그렇지만 늘상 남을 이용하고 남이 성공하면 배 아파하며 거짓말하고 불성실하게 행동하면 사람들이 당신을 멀리해서 고립될 것이다. 어리석고 잔인하고 악한 일들을 벌이면 많은 긴장과 불안과 심적 갈등을 겪게 되고 살아가면서 많은 어려움에 직면하게 되고, 부자가 되더라도 불행할 것이다. 계획을 세워 최선을 다해 일하는 사람들은 역량이 향상될 것이고, 피곤하다며 이불 속으로 들어가 버리는 사람들은 인생살이가 잘 풀리지 않을 것이다. 실생활 속에서 이러한 업과 과보의 연관 관계를 이해하는 것이 바람직한 교육의 기본이요 목적이다. 이렇게 업의 관점에서 금생을 이해하는 것은 '즉각적인 과보'를 받는 업에 비해 '중간 범위'에 해당된다고 하겠다.

왜 사람들은 저마다 다른 모습이고, 왜 그토록 기질들

이 다른가? 뒤틀린 운명, 비극적인 삶, 질병, 정신 이상, 불의의 사고 같은 일은 왜 벌어지는가? 같은 노력을 해도 어떤 이들은 성공하는데 어떤 이들은 왜 계속 실패하는가? 이 같은 궁금증을 해결하려면 '업-재생-윤회'라는 '최대 범위'의 폭넓은 관점을 받아들여야 한다. 다시 말해 다음 두 주제인 재생과 윤회를 고려해야 업의 법칙을 만족스럽게 이해할 수 있다. 경에 나오는 수많은 전생 이야기가 시사하는 바는 수천 수백만 생 동안 지은 업과 과보를 연결시켜 추적해봐야 업의 과정을 선명하게 그려낼 수 있다는 것이다. 그럴 때라야만 업이 우리를 지배하는 법칙이라는 것을 아는 경지에 이를 것이고, 업이 참으로 무서운 것이라는 사실을 알게 될 것이다. 왜 무서운가? 원인은 반드시 결과로 이어지고 게다가 업이 익는 순서도 예측할 수 없을뿐더러 업의 과보는 아주 오랜 세월이 지나서 나타날 수도 있기 때문이다.

담마의 체험 교실

아비담마[論藏]와 그 주석서에는 업과 과보의 관계가 경장보다 더 자세히 기술되어 있다. 붓다의 가르침을 담은 경장은 듣는 이들을 교화하기 위해 항상 직접적인 도움이 되도록 설하신 이른바 대기설법을 담은 것이다. 다시 말해 붓다는 깨닫지 못한 중생들의 근기에 맞추어 법을 설하곤 하셨다. 반면 논장은 이론적이고 추상적이며 궁극적 실재[涅槃]의 관점에서 정신과 물질을 분석하고, 완전히 깨달은 분상에서 모든 현상을 설명하고 있다. 이렇게 보면 붓다의 가르침이 담긴 담마와 논장에 담긴 아비담마[10]라는 서로 다른 두 관점이 있을 수 있다. 이 둘은 서로 보완하고 돕지만, 이 둘을 뒤섞는 것은 바람직하지 않다.

나아라다 큰스님은 담마와 아비담마, 이 두 관점을 물의 비유를 들어 설명한다. 일상생활에서는 물로 손을 씻고 물을 마시며 여러 용도로 사용한다. 그러나 실험실에서는 물을 단지 H_2O라는 화합물로 본다. 우리는 같은 물

---

10 활성 스님, 소리·열다섯 《담마와 아비담마》, 〈고요한소리〉 참조.

이라도 전혀 다른 방식으로 이해한다. 이처럼 아비담마는 담마의 실험실과 같아서 마음의 구조와 본성, 업의 작동을 아주 세밀하게 분석한다.

게다가 주석서는 한 걸음 더 나아가 인간의 경험이란 순간순간 일어나는 마음, 즉 심찰나[11]가 빠르게 이어지는 것이라고 설명한다. 극히 짧은 의식의 순간들이 정해진 순서대로 이어져 일어나는데 이것을 마음의 '분자'라고 볼 수 있겠다. 보통 열일곱 심찰나가 이어지는데, 하나의 심찰나는 마음의 '원자'인 셈이다. 일 초에 수십억 심찰나가 번쩍하고 지나간다고 한다.

이 열일곱 심찰나는 저마다 기능이 있다. 여덟 심찰나(1~8)는 과보, 즉 업에 따르는 결과로서의 의식[業識]인데 어떤 옛 업이 과보를 낳을 기회를 찾은 경우이다. 두 심찰나(16, 17)는 업에 관련해서는 중립적이다. 마음이 작동하는 일곱 심찰나(9~15), 즉 자와나*javana*[12][速行]라는 것이

---

11 심찰나: 보통 '생각'이라고 부르는 '심찰나'는 실은 '생각 과정'이며, 이 심찰나는 17단계 혹은 17심찰나로 구성되어 있다. 법륜·열셋 《우리는 어떤 과정을 통하여 다시 태어나는가》, 구나뜨라나 지음, 유창모 옮김, 〈고요한소리〉(2022) 70~83쪽.

12 자와나*javana*: 자와나는 아홉 번째에서 열다섯 번째까지의 심찰나인데

업을 짓는다. 지금 우리가 짓는 업 중에서 작은 일부분만 금생에 과보를 낳는데, 이 소량 중에서도 작은 한 조각만이 즉각적으로 나타난다. 남은 업 중 또 다른 부분은 다음 생에 언젠가 과보로 나타날 것이다. 남은 업이 언제 익을지는 정해져 있지 않다. 요컨대 우리가 지금 짓는 업의 대부분은 먼 미래의 언젠가에 '우리 자신'이 물려받게 될 것이다.

아비담마에서 복잡하게 설명하는 업과 과보를 일반화하여 간추리면 다음과 같다.

  i) 인간계에서

  ii) 살면서 무엇을 경험하고

  iii) 어떻게 경험하는가.

우리는 대부분 과거 업으로부터 영향을 받는다. 그리고 우리가 겪는 경험에 어떻게 반응하고 대응하는가에 따라 새로운 업이 만들어진다. 이렇게 우리는 미래 생을 준비하고 좌우하며 재단하는 것이다. 업이 끊임없이 작동한

생각 촉진[速行] 단계이다. 이 단계에서 대상이나 자극을 모든 연관 관계 속에서 충분히 의식하게 되어 선업이나 악업을 짓기 시작한다. 법륜·열셋 《우리는 어떤 과정을 통하여 다시 태어나는가》, 구나뜨라나 지음, 유창모 옮김, 〈고요한소리〉(2022) 77~80쪽.

다는 것을 알고 있는가? 자신의 행동과 마음가짐이 자신의 책임이라는 것도 알고 있는가?

그러니 조심하라. 더 많은 일들이 닥쳐오고 있다. 지금 우리가 겪고 있는 일은 대체로 과거에 지은 업의 결과가 드러나는 것이라고 해야 할 것이다. 과거생을 살면서 우리가 얼마나 많은 업을 지었겠는가. 그 어느 것 하나 그냥 지나가지 않을 것이다. 금생에도 우리는 또 많은 것을 선택하고 시도하게 될 것이다. 하지만 실제로 어떤 식으로 벌어질지는 과거에 축적된 업력의 종류와 질에 달려 있다. 예를 들면, 어떤 배우자와 사느냐, 어떤 일에 종사하느냐, 어떤 사람들과 사귀며, 그들이 우리를 어떻게 대하느냐 그리고 성공과 실패, 예기치 않은 사고 등등. 이 모든 길흉화복은 업으로 인해 일어나며 일어날 일은 기어코 일어나고야 만다. 그야말로 업이 지어진 이상 언젠가는 결과를 드러내고 만다는 사실이다. 업이 충분히 쌓여 뒷받침되지 않았다면, 어떤 일이 일어난다 해도 가볍게 지나갈 것이다.[13]

---

13 [원주] 이는 물론 이론적 견해일 뿐이다. 영원한 시간 속에서 아마도 우리는 온갖 일을 다 했을 것이고, 그러니 어떤 과보든 다 받게 될 것이다.

아비담마는 어떤 사실을 알아차리게 되는 것조차 과거 업의 과보라고 지적한다. 우리를 둘러싼 많고 많은 현상 가운데 무엇에 관심을 기울이며, 무엇을 어떻게 겪고 어떤 면에 주의를 더 기울이는지조차도 대개는 과거 업에 의한 것이다. 보통 업이 재생을 결정하고 성격과 기질을 형성하고 기량의 틀을 잡는다고 한다. 또한 업이 우리 인생에서 겪는 주요 사건에 영향을 미친다고 한다. 아비담마와 주석서에 나오는 좀 더 세세한 관점에 따르면 우리의 한 생이란 정신·물질[名色 nāmarūpa]이 빠르게 일어났다가 사라지며 형성해가는 흐름일 뿐이다. 이러한 형성과정은 바깥 대상에 따라 일어나는 '마음의 연속'으로 생각할 수도 있다. '마음이 연속'되는 그 순간마다 과거 업이 끊임없이 익어가는 것은 수동적 측면으로서 우리가 한 생을 살아온 결과이다. 살아가면서 겪는 일에 대해 우리가 어떻게 반응하고 대응하는가는 선업이 되건 악업이 되건 새로운 업을 지어나아간다는 점에서 적극적인 측면에 해당한다.

하지만 우리는 업에 따라 무거운 어떤 과보를 받기도 하고 가벼운 과보를 받기도 한다. 그러므로 어떤 일은 더 자주 경험하게 되고, 어떤 일은 덜 경험하게 된다.

우리가 과거 업이 익어가는 것에 손쓸 수는 없다. 하지만 불선업이 덜 익게 하고 선업이 익게 하도록 예방 조치를 할 수는 있다. 탐욕·성냄·어리석음이 일어날 때 마음챙김을 하면 이 불선한 요인들이 마음에 깊이 뿌리내리지 못할 것이고 불선한 업이 익을 기회도 더 줄어들 것이다. 마음챙김을 해나가면 우리가 어떤 일을 겪을 때 긍정적으로 반응할 수 있게 된다. 마음챙김이 우리가 자유의지를 행사하는 데 핵심이다. 우리는 자유의지로 인생의 행로를 바꿀 수 있으며 적극적으로 미래를 구상하고 그 방향을 개선할 수 있다. 그렇다고 단 한 번에 바뀔 거라고 기대하지는 말라. 업과 과보가 어김없이 작동하는 패턴은 거듭거듭 반복되며 실로 오래되고 뿌리 깊은 법칙이다. 과거 행위들에 잠재된 업력은 마치 짐을 가득 실은 마차가 말도 마부도 없이 비탈길을 내달리는 것과 같다. 발로 차봤자 마차는 멈추지도 방향을 바꾸지도 않을 것이다. 그래도 진정으로 마음을 새로이 하고 끈기 있게 마음챙김하면 삶의 행로는 새로워지고 삶의 의미는 깊어질 것이다. 마음챙김은 이론적으로도 실질적으로도 누구나 해낼 수 있는 일이다. 주저하지 말고 마음챙김을 실천하라!

업으로 가득 찬 배낭?

나에게 아비담마를 가르쳐주신 스승과 함께 언젠가 업에 관해 이런저런 토론을 하던 중에 마음먹고 해묵은 난제를 꺼낸 적이 있다. "업은 어디에 저장됩니까?" 그러자 우 칫 틴 선생님은 되물었다. "요즘 사람들은 인권에 관한 이야기를 많이 합니다. 누구나 인권을 가졌지요? 그런데 인권은 어디에 둘까요? 호주머니에? 아니면 머리에 넣어둘까요? 어깨에 메고 있을까요? 날마다 배낭에 넣고 다녀야 할까요?"

옛 스승들은 이 난제를 나무에 비유하여 설명하였다. 때가 되면 나무에 사과, 오렌지, 망고 같은 열매가 열린다. 그런데 그 과일들이 나무줄기나 가지나 잎이 품고 있었다고 할 수는 없다. 다른 예로 성냥과 불을 보자. 불이 어디에 간직되어 있었는지 알 수 없지만 조건이 갖춰지면 불이 일어난다.

그리고 유전학에서는 어떤가? 흔히 업에서 비롯되었다고 하는 사람들의 생김새, 성격, 됨됨이 등등 몸의 모든 특징을 생성하는 프로그램이 염색체나 핵산 속에 들어있지 않은가? 오늘날 신비한 DNA 분자에 대해 더 많이 밝혀지면서, 우리는 유기체 전체 청사진이 어떻게 세포로 분열되면서 복사되고 전달되는지도 대략 알게 되었다. 이렇게 보면 어떤 유전물질을 가지고 있느냐에 따라서 어떤 존재가 인간계나 동물계로 들어간다고 생각된다. 그래서 우리가 태어날 때 특정한 업력이 어떻게 특정 'DNA라는 집'과 연결되고 어떻게 그 집에 일생동안 깃드는지는 다음 장에서 다루겠다.

어떤 스승들은 업력이 의식의 흐름인 '생명 연속체'[14]에 담겨 있다고 한다. 또 어떤 스승들은 '명근命根'[15]이라는 심적 요소에 들어 있다고 한다.

내 생각에는, 모든 정신적 번뇌는 물론 모든 업력이 조건이 되면 심찰나가 계속되는 가운데 전해진다. 사실 업과 번뇌는 업을 조건 짓는 그 자체라고 할 수 있다. 어떤 스승들은 우리의 과거

---

14 법륜·열셋《우리는 어떤 과정을 통하여 다시 태어나는가》, 구나뜨라나 지음, 유창모 옮김, 〈고요한소리〉(2022) 51~61쪽.

15 명근命根: 명근命根에서 명命은 목숨을 뜻하고 근根은 작용·능력을 뜻한다. 따라서 명근은 '목숨을 이어가게 하는 작용 또는 능력'이다. 《위키백과》 참조.

업이 너무 많아서 그 많은 업이 모두 조건이 될 것 같지는 않고 심지어 그렇게 되는 것이 불가능하다고 말할지도 모르겠다. 그러나 나는 과거의 업이 '모두' 드러나는 과정이 그리 복잡한 것은 아니라고 생각한다. 예를 들어, 삼원색만으로도 세상의 모든 색을 만들 수 있지 않은가.

일반적으로 많은 사람들은 난자가 수정되고 수태되어 한 생명체가 생겨나고, 그 생명체 자체의 물리·화학적인 힘으로 자라나 성인이 되며, 칠팔십 년 활동하다가 결국은 죽어서 아무것도 남기지 않고 사라진다고 여긴다. 또한 한 개인의 생명현상을 순수 감각기능으로 살펴보거나 그 감각기능을 기술적으로 확대해서 살펴보아도 마찬가지이다. 그러나 우리 감각만으로는 실재를 왜곡하여 제한적으로 볼 수밖에 없는데, 그 점을 수긍한다면 우리는 더 겸손해지고 열린 자세로 다양한 정보를 받아들일 것이다. 그리하여 현자들의 가르침에 더 귀 기울이게 될 것이다.

붓다의 가르침에 따르면 수정 세포는 그저 수태 과정에서 생기는 생물학적 구성요소일 뿐이고, 수태가 온전히 이루어지려면 정신적 구성요소가 필요하다. 그것은 바로 업력에 의해 전생에서 이어져 다음 생의 조건이 되는 의식[再生識]의 흐름이다. 우리가 부모로부터 신체 요소를 받지만, 무엇보다 근원적으로는 자신이 지은 업에 따라 태어난다. 우리는 업의 상속자이다. 인간은 구업舊業을 소멸시키기도 하지만 새로운 업도 계속 쌓아가고 있는 존재이다. 지금 짓는 업이야말로 우리가 미래에 태어날 진정한 자궁이다.

이제 이 글의 두 번째 주제로 넘어가보자.

2. 재생

사람이 죽으면 어떻게 될까? 흔히 '사람'을 구성하는 물질적 요소와 정신적 요소가 흩어진다고 생각한다. 그렇다면, 과연 그게 전부인가? 이 물음에 다른 관점으로 답할수 있다. 붓다의 가르침에 따르면 갈애가 만들어내는 업력은 죽는다고 그저 사라지는 게 아니다. 갈애가 몰아대는 심찰나들의 흐름은 새로운 양태로 계속 이어져 새 생명이 존재하게 된다고 한다. 궁극적 의미에서 금생이란 하나의 물리적 유기체를 바탕으로 하여 심찰나들이 빠르게 일어났다 사라지는 일련의 과정이다. 죽은 뒤에도 이 심찰나들은 계속 이어져 새로운 몸뚱이를 찾는다. 삶의 마지막 심찰나에 바로 이어 새로운 존재로 다시 태어나는 것이다. 경에 이 과정을 비유하는 좋은 예가 있다. "업은 비옥한 밭이요 갈애는 수분이며 식識은 씨앗이니, 씨앗은 그 밭에서 싹이 트고 자랄 것이다."[16] 이렇게 하여 존재는 다

---

16 "아아난다여, 이처럼 업은 밭이고 식識은 씨앗이고 갈애는 수분이다.

시 태어난다.

지금의 '나'가 다시 태어나는 걸까? 아니면 다음번에 태어나는 존재는 전혀 다른 사람인 걸까? 이 물음에 답하기에 앞서 '나'라는 것의 본질을 더 분명하게 이해할 필요가 있으며, 이는 곱씹어 보아야 할 문제이다.

예행연습

한 살짜리 아기였던 당신과 지금의 당신을 비교해보라. 같은가 다른가? 전혀 다르다고 말할 것이다. 그럼 다섯 살 때와 지금을 비교해보라. 다섯 살 때 말을 할 줄 알고 꼬맹이였던 당신과 지금의 당신은 아주 다를 것이다. 그렇지 않은가? 열 살 때는 어떤가? 지금의 성격이 그때 이미 드

중생들은 무명의 장애로 덮이고 갈애의 족쇄에 계박되어 저열한 계에 식을 확립한다. 이와 같이 내생에 다시 존재하게 된다. 이런 것이 존재이다 *Iti kho ānanda kammaṃ khettaṃ, viññāṇaṃ bījaṃ, taṇhā sineho. Avijjānīvaraṇānaṃ sattānaṃ taṇhāsaṃyojanānaṃ hīnāya dhātuyā viññāṇaṃ patiṭṭhitaṃ. Evaṃ āyatiṃ punabbhavābhinibbatti hoti. Evaṃ kho ānanda bhavo hotī'ti.*《앙굿따라 니까야*Aṅguttara Nikāya* 증지부》, I, 3:76 〈존재 경 *Bhava sutta*〉 223쪽.

러나기 시작했지만 관심거리와 버릇은 여전히 어린아이 같았을 것이다. 이제 스무 살 때를 떠올려보라. 스물의 당신과 지금의 당신은 같은가 다른가? 점점 답하기 어렵지만 스무 살 때와 지금은 같지 않다고 생각할 것이다. 그렇다면 지난달과 지금을 비교해보라. 어제의 당신은? 한 시간 전은? 사실, 당신이 이 책을 읽기 시작했을 때의 '나'와 바로 지금의 '나'는 똑같지 않다. 우리는 시시각각 변하므로 똑같지 않다. 그렇다고 생판 다른 것도 아니다. 재생의 뜻이 꼭 이러하다. 지난 생의 존재, 이번 생의 존재, 다음 생에 올 존재는 똑같지도 않지만 그렇다고 전혀 다른 것도 아니다.

옛 주석서는 재생을 도장에 비유하여 설명한다. 도장과 도장이 찍힌 자국은 같은 것이 아니지만 또 전혀 다른 것도 아니다. 오히려 이 둘은 인과관계로 연결되어 있다. 도장의 어느 부분도 옮겨가지 않았지만 도장이 원인으로서 영향을 끼친 것은 분명하다. 이처럼 과거 생은 현재 생과 같지 않지만 아주 별개도 아니다. 왜냐하면 과거 생과 현재 생은 바로 직접적인 인과관계로 연결되기 때문이다.

불교의 관점에서 볼 때 한 사람, 즉 '나'는 어디까지나 상대적 실재이다. 그것은 궁극적 '참'의 범주에 속하지 않는다. 우리의 관념으로는 '자신'이라는 것이 아주 분명하고 확고하며 확실히 존재한다고 여겨진다. 그러나 알아차림이라는 조명을 비추면 자신이라는 관념은 홀연히 뒤로 물러나며 흩어지고 사라진다. 알아차림을 놓치면 '자신'이라는 관념이 다시 자리를 잡는다.

이 '나'란 무엇인가?

붓다의 가르침에서는 '나', '자아'라는 생각, '나 자신'이라는 관념은 '착각'이며, 이 착각은 무지와 갈애의 가장 강력한 표현 중의 하나라고 한다. 경전에서는 두 가지 다른 차원으로 '자신'이라는 관념을 설하신다. 첫째는 아만[慢 asmimāna]으로, 그 속에는 '내가 있다'는 기본 관념이 미세하고도 확고하게 자리하고 있다. 내가 나라고 믿고 착각하는 '나'와 다른 이들의 모습을 비교할 때 아만은 더욱 뚜렷해진다. 이렇게 남과 비교하고 경쟁하다 보면 어김없이 '내가 더 낫다.' 아니면 '내가 더 못하다.' 또는 '나나 저나 똑같다.' 하는 세 가지로 평가하게 된다.

'내가 더 낫다.' 하는 오만이나 '내가 더 못하다.' 하는 자기 비하는 물론 '나나 저나 똑같다.' 하는 잘못된 생각도 모두 아만에서 나온다는 것에 주목해야 한다. 이러한 세 가지 태도는 모두 잘못된 것이다. 내가 실제로 더 낫지도 못하지도 똑같지도 않아서 잘못인 것이 아니라, 낫든 못하든 똑같든 진짜로 '나'라고 할 만한 것이 없기 때문에 잘못인 것이다.

'자신'이라는 환상의 두 번째는 "'나'라는 것이 있다는 믿음[有身見 *sakkāyadiṭṭhi*]"이다. 유신견은 몸과 마음에 영원하고 본질적인 '나', 하나의 고정된 '나', 내재하는 영혼이 있다고 믿는 견해이다. '유신견'도 여러 가지가 있다. 어떤 사람들은 몸과 마음을 합친 것 또는 그 일부인 의식이나 의지작용, 인식 등을 '나'나 '자신'이라고 여긴다. 이와는 반대로 '내'가 몸과 마음을 가지고 있다고 하는 사람들도 있다. 또 어떤 이들에게는 몸과 마음은 영혼이 깃든 집이다. 유물론자는 '나'라는 것은 몸과 마음이 합쳐진 것이라고 믿는다. 어떤 이들은 자아나 영혼이 몸과 마음으로 이루어진 유기체와는 별개로 존재한다고 여긴다. 이처럼 사람들 대부분이 '나'라는 것을 몸과 동일한 것으로 보거나, 마음이나 정신작용과 동일한 것으로 본다. 이러한 모든 믿음은 "이것이 '나'다, 이것이 '내 것'이다, 이것이 '나 자신'이다"라는 그릇된 생각 안에서 맴돈다.

'자신'이라는 생각은 우리 마음속 깊이 뿌리내리고 있고, 우리는 이 생각에 아주 강하게 집착한다. 목숨이 위험할 때는 보호 본능이 작동한다. 그러나 '나, 자기'라는 자존심이 상처를 받으면 감정이 폭발한다.

'나'라는 생각은 쓸데없는 짐이요, 엄청난 괴로움이다. 이 괴로움에서 벗어난다는 것이 개인적으로나 사회적으로 아무것도 하지 않고 살아야 한다는 의미는 아니다. 반면 아라한은 '나'라는 잘못된 견해를 벗어나 아상我相에 대한 집착이 전혀 없다. 더하여 아라한은 '금강석과 같은 마음[金剛喩心]'¹⁷을 지녔다고 한다.

근본적 진리의 관점[眞諦]에서 보면 세상만사는 우리가 통상적으로 생각하는 바[俗諦]와 전혀 다르게 보인다. 다

---

17 《앙굿따라 니까야*Aṅguttara Nikāya* 증지부》, I, 3:25 〈곪은 상처 경 *Aruka sutta*〉 참조. 미얀마 6차 결집본의 경 이름은 〈금강석과 같음 경 *Vajirūpama sutta*〉이다.

시 말해 전체로서의 실재는 우리가 흔히 생각하는 것과는 존재 양식이 전혀 다른 것으로 보인다. 그런데 명상을 직접 체험해 보지 않고는 이 말을 온전히 이해하기는커녕 감조차 잡기 어려울 것이다. 깊이 통찰해보면 한 개인의 생은 마주치는 대상에 따라 의식[識]이 아주 빠르게 일어났다 사라지는 것일 뿐임을 알게 된다. 이렇듯 '나'라고 할 만한 것이 없다. 또한 한 개인의 생은 정신과 물질로 이루어진 명색名色 *nāmarūpa*, 즉 '정신성-물질성'이 끊임없이 변화하는 과정에 불과하다. 이런 관점을 이해하기 무척 어렵겠지만 그래도 이해하도록 노력해 주기 바란다. 만약 당신의 손가락을 고배율 현미경으로 들여다본다면 당신 눈에 보이는 것이 매우 달라서 좀처럼 손가락이라고 믿기 힘들지 않겠는가.

궁극적 실재의 차원에서는 사과, 사람, 산, 아이스크림, AIDS, 은하계라는 식으로 분별하지도 않고, 분별할 것도 없다. 또한 '어제' '환경' '프랑스 파리' '고민거리' '어떤 여자' 등과 같은 일반적 개념을 구분하는 것도 아무런 의미가 없다. 궁극적 실재의 차원에서는 '개체, 나, 자아' 같은 것은 아예 없기 때문이다.

상대적 진리의 차원인 관습적 현실에서 여러 가지 다양한 정신적 물질적 대상들을 접하면 정신 현상과 물질 현상이 빠르게 연속적으로 이어지는 것을 경험하게 된다. 이렇게 대상들을 지각하고 인식할 때 먼저 '나'라는 개념이 생기게 된다. 이 단계에서 우리의 경험은 둘로 나뉜다. '지각하는 자'와 '지각되는 것', 곧 경험하는 주체와 경험되는 대상으로 나뉜다. 이렇게 해서 '나와 너'라는 이분법이 생겨나게 된 것이다.

경험적인 관점에서 보면 '나'라는 개념은 그 층위와 강도가 다양하다. 이해를 돕기 위해서 다양한 '나'라는 망상의 스펙트럼을 '나'와 '나 자신'이라는 두 그룹으로 나누어 보자. 앞서 언급한 경험 '주체'인 '나'는 경험되는 대상인 '외부 세계'와의 경계가 점차 뚜렷해짐에 따라 더 견고해져 '나 자신'으로 강화된다. 여기에 내 것이라는 소유 관념이 더해지면서, 따로 독립된 개체와 개체로서의 정체성이라는 개념이 생겨난다.

'자신'이라는 용어는 완전히 깨달은 이들도 흔히 쓰는 말이어서 우리가 사용하는 데는 별문제가 없다. 우리가 일상을 살아가자면 '나'와 '내 것'이라는 표현을 쓸 수밖에 없다. 그에 비해 완전히 깨달은 이들은 '나, 내 것'이라는 생각에 매이지 않으며, 편의상 필요한 경우가 아니라면 '나'라는 표현을 쓰지 않는다. 이렇게 할 수 있는 역량이 완전히 깨달은 이들을 평범한 사람들과 결정적으로 구분 짓는다.

진정한 '고'

자아 환상의 강도를 재는 저울 눈금에서 보다 높은 자리를 차지하고 있는 것이 '나Me', '나 자신My Self'이라는 용어이다.[18] 자신을 드러내고, 남의 주의를 끌기 위해 자신을 직접 언급하는 표현법으로 거기에는 경쟁심과 감정적 열정으로 고취된 자의식이 담겨있다. 이런 형태의 자아 환상에는 강력한 소유욕과 권위의식이 배어있어 자기이익을 지나치게 챙기는 느낌을 풍기게 된다. 이런 이유로

---

18 이 글에서 Me(나)와 My Self(나 자신)가 대문자로 강조되고 있는 것을 주목할 필요가 있다. 그래서 'Me'를 '나야말로'로, 'My Self'를 '내 손수·내가 직접', '이 나야말로'의 뉘앙스로 해석해 본다.

인해 그런 어법은 자기를 내세우는 만큼이나 상처받기도 쉽다. '나 자신'이라는 어휘가 풍기는 자기중심적이고 개인주의적인 어감은 우리가 외골수로 생각에 골몰할 때 자주 발생한다. 뿐만 아니라 성공이나 실패, 찬양이나 비방, 승리나 패배 따위로 인해 우리의 체면이 고양되거나 위협받을 때, 강화되거나 손상될 때, 그런 어감의 강조 효과는 한층 더 강해진다.

이른바 '자아'라는 것은 금생에 무명과 집착이 응결되어 나타난 트레이드마크와도 같다. 말하자면 자아는 순도 높은 최고급 고苦의 근원으로서 직접 구할 수 있고, 언제든지 대기하고 있는 무진장한 고의 원천이다. 그러나 '자신'이 고의 원천이기는 하나 고를 일으키는 원인은 아니라는 점을 명심하기 바란다. '나 자신'이라는 이미지에 대한 집착[取]이 고의 원인이다. '나 자신'이라는 이미지는 풍선과 같아서 부풀거나 오므라들 수 있다. 터져버릴 수도 있지만 그런 경우에는 재빨리 새 자아의식이라는 풍선이 그 자리를 메울 것이다.

붓다는 '자아, 나'를 소멸시켜야 한다는 생각으로 수행에 임하지는 말라고 가르치신다. 이런 태도는 소멸시켜야 할 자아가 있다고 생각하게 함으로써 사실상 자아가 있다는 그릇된 견해를 더욱 굳혀주는 기능을 한다. 붓다는 '자신'이라는 관념을 문제 삼지 않고 오히려 곧바로 '자아가 없다[無我]'는 점을 강조하는 쪽으로 직진하신다. 위빳사나 수행에서 우리는 '자신'이라 부르는 것이 사실은 사람이라는 존재 형태와는 무관한 정신적 물질적 현상[名色]이 벌이는 놀음일 뿐이라는 사실을 깨우치도록 한다. 위빳사나 명상이 점차 발전되어 갈수록 다른 통찰력의 경우와 마찬가지로 무아*anattā*에 대한 통찰력이 현저히 다른 밀도로 깊어질 수 있다. 수행이 익어감에 따라 본래 이 명색은 자아가 없는 한낱 공한 것임을 점점 더 명료하게 알아차리게 된다. 무명은 온갖 다양한 모습으로 드러나는데, 붓다의 가르침은 이런 것들을 일일이 다루지 않고, 온갖 병고의 뿌리를 모두 잘라내는 쪽에다 곧장 초점을 맞춘다. 지금껏 우리가 다루어 온 '나', '나 자신'은 유신견과 아만[慢]에 해당된다. 이 둘은 열 가지 결박들에 속하는데 완전한 해탈을 이루려면 이 열 가지 결박[19]들을 다 극복

---

19 [원주] 열 가지 결박(족쇄)*saṃyojana* : **낮은 수준의 다섯 족쇄**: ① 개아가 있다는 믿음 *sakkāyadiṭṭhi*: 인간을 기만·오도하는 가장 근본적인 삿된 견

해야 한다.

통찰 명상은 담마 수행에서 가장 높은 단계이며 무척 어려운 단계이기도 하다. 어떤 사람들은 현재 삶에서 슬픔은 줄이고 기쁨을 늘이려고 통찰 명상을 한다. 그 나름 대로는 괜찮은 일이다. 그렇지만 붓다의 가르침을 치료요법 정도로 격을 낮추지 않도록 유의해야 한다. 우리가 모처럼 고가의 최고급 스테레오 기기를 사서는 기껏 아침 일기예보나 듣는 데 쓰고 말 수도 있다. 이 고성능 음향기기에 걸맞게 사용하는 것이 효과적이지 않겠는가.

붓다가 가르치신 담마는, 통찰 명상 수행으로 얻는 출

해로, 인격 또는 자아가 있다고 생각하는 것 ② 계율·의식에 대한 집착 *silabbata parāmasa*: 형식적 계율과 의식을 지킴으로써 청정해질 수 있다는 견해에 집착하는 것 ③ 법에 대한 의념 *vicikicchā*: 불·법·승·수행의 필요성·연기법 등을 회의하여 의심하는 것 ④ 감각적 욕망 *kāmarāga*: 감관적 쾌락에 대한 욕망. ⑤ 악의*paṭigha*: 질투·원한·분개·화냄 등의 뜻. 성내는 마음瞋心.

높은 수준의 다섯 족쇄: ⑥ 색의 세계[色界]에 대한 집착 *rūparāga*: 감각적 쾌락에 대한 집착을 벗어났을 때 나타나는 순수 물질의 세계에 대한 집착. ⑦ 무색의 세계[無色界]에 대한 집착 *arūparāga*: 색에 대한 집착을 벗어났을 때 나타나는 순수 정신세계에 대한 집착 ⑧ 만慢 *māna*: 아만·긍지·자만·내가 남보다 낫다·못하다·동등하다 하는 마음 ⑨ 도거掉擧 *uddhacca*: 들뜨고 불안한 마음 ⑩ 무명無明 *avijjā*: 속세의 모든 악과 고통의 근본 뿌리. 이 때문에 지혜의 눈이 가리어 사물의 진정한 본성을 보지 못한다.(원저자의 주에 보충함.)

세간의 이로움은 물론이고 세속적 이익과 복을 얻을 수 있는 수련법도 알려준다. 또한 금생에서 훨씬 더 직접적으로 행복을 가져다줄 수 있는 수행법 역시 알려 준다. 예를 들면 오계五戒라는 기본적인 도덕규범을 따르고, 자비심을 기르고, 관용을 베풀고, 존중하고, 무주상 보시를 행하고, 감각적 욕망을 삼가는 등등. 이러한 수행은 의미 있고 윤택한 삶을 위한 자양분이 될 뿐만 아니라 더 높은 명상 수행을 위한 전제조건이다.

'자신'이라는 망상 중에서도 가장 심각한 것은 맹목적인 자기중심주의이다. 이 역시 여러 양상을 띨 수 있다. 자기만 알고 남의 일에 무신경한 사람들은 주변 환경을 내 편 아니면 적들만 있는 메마르고 황량한 곳이라고 생각한다. 대체로 그런 사람들은 남들을 볼 때 이용할 대상인지 위협이 되는 대상인지 파악한다. 가령 계속 위협을 받고 있다는 생각에 사로잡히면 공격적이 된다. 또 어떤 이들은 온통 감각적 갈애에 빠지기도 하고 심지어 완전히 갈애의 노예가 되는 지경에 이르기도 한다.

'나'라고 할 것이 없다

우리가 생각하고 있는 '나', '자신'이라는 관념은 실은
마음 요소[心所]들의 놀음이 만들어 낸, 그야말로 마음속
에 있는 현상일 뿐인데 그렇다고 해서 '나'라는 것이 없다
고 하면 어처구니없게 들릴 것이다. 마음에 주인이 있기라
도 한 듯 '내 마음'이라고 한다든가, 마음의 구성요소, 마
음 부수나 마음의 대상 심지어 업과 과보의 작용과 '자유
의지'에도 '나'라는 주인이 있다고 보통 생각들 한다. 이
모든 것은 본질적으로 자아도 주인도 없는 그저 이어지는
흐름 속에서 경험들이 진행되는 과정일 뿐이다. 그렇지만
통찰력이 부족하면 '나', '자신'을 이런 식으로 인식하지
못한다. 요컨대 무명과 집착 때문에 '나'라고 할 만한 것이
없는 우리 존재의 실상을 제대로 보지 못하고 만다.

'나'라는 것은 어떤 실체가 아니다. '나'란 관념일 뿐 실
체라고 할 만한 어떤 증빙도 없다. 아직 깨닫지 못한 사람
의 경우에는 무언가를 인식할 때마다 '자신'이라는 생각
이 그 인식 과정에 원래 있었던 것처럼 일어난다. 그런데
자신을 내세우는 경향이 강하고 소유욕 강한 '나'는 자신

이 실재한다는 믿음을 강화시킬 필요가 있을 때 이따금 생긴다. 이와 같은 자기망상으로 인해 우리는 일상생활 속에서 무아라는 사실을 모른 채, '나 자신'이라는 생각을 거듭거듭 해가며 희미해지는 '나'라는 자기 정체성을 되살려 재확인한다. 이런 식으로 우리는 한 개체인 '나'가 계속된다는 망상을 고스란히 유지하고, 그 결과 '나'라는 망상이 우리 인생의 주인공을 자처하게 된다. 이렇게 '나'와 동일시하면서 '내가 무엇을 한다, 내가 생각한다, 내가 인식한다, 내가 경험한다, 내가 소유한다.'고 느끼게 된다. 수준과 정도의 차이는 있겠지만 우리 경험을 가장 크게 왜곡시키는 것이 '자신'이라는 개념이다. 자신이라는 강력한 중력의 힘은 우리의 인식, 사고, 느낌을 통해 무아라는 실재성을 근본적으로 뒤엎어 버리면서 '자신'이 실존한다고 믿도록 전도몽상轉倒夢想이 되게 한다.

여러 종교적 전통에서는 자아 개념을 계발하고 확장함으로써 자아의 고유한 경계들을 초월하게 만들 수 있다고 한다. 분리된 자아는 경계가 허물어져 하나가 되고 불변하는 영원한 지복인 최상의 자아를 경험하게 된다는 것이다. 물론 이런 경험은 집중 명상에서는 매우 높은 수준에 이른 상태라 하겠다. 그렇다 해도 붓다 가르침의 관점에서 본다면 '나'라는 집착을 완전히 버리지 못한 상태, 위빳사나 수행의 깊은 통찰이 부족한 상태라고 진단할 수밖에 없겠다. 그런 경험은 어떤 면에서는 매우 순수하지만 여전히 '생각 덩어리'인 채로 마음이 만들어낸 '때'가 아직 묻어 있는 상태이다. 이러한 경험을 두고 굉장히 엄청나다고 할는지 모르지만 사실 상想 놀음에 불과한 망상에 여전히 뿌리를 박고 있는 것이다.

미시적으로 본 재생

생과 사가 되풀이되는 과정은 한 생애 내내 계속적으로 일어났다 사라지는 심찰나 과정과 유사하다. 이 둘이 놀랍도록 비슷하다는 것은 그저 이론상으로 그렇다는 게 아니라 특히 통찰 명상의 높은 단계에서 실제로 경험, 확인할 수 있다. '자신'이라는 관념은 '연속되는' 심찰나인 마음이 만드는 것이므로 결국 심찰나와 별개로 말할 수 있는 것이 아니다. 고도의 집중력이라는 확대 렌즈로 들여다보면 마

음의 일어남과 사라짐은 마치 태어남-삶-죽음[生-住-滅]이
라는 과정이 재빨리 연속되고 있는 것을 알 수 있다. 사실
심찰나들 사이에는 작은 틈조차 없지 않은가!

거시적으로는 생의 이어짐 그리고 미시적으로는 심찰
나의 이어짐, 이 두 과정의 주요 특성은 사실상 같은 것이
다. 이 두 과정에

- 결과[異熟 *vipāka*]가 있고 원인[業 *kamma, javana*]이 있다.
- 영속적인 실체로서의 '나'나 '영혼'은 없다.
- 아무것도 앞 단계에서 그다음 단계로 옮겨가지 않는다.
- 연속되는 사건들의 연결 고리는 인과법칙뿐이다.

여러 해 전에 TV에서 도미노 게임을 본 적이 있다. 청
년 팀은 5만 개 넘는 도미노를 긴 줄로 늘어세워 놓았다.
카메라 앞에서 그 팀의 주장이 첫째 도미노를 톡 쳤고, 그
도미노는 둘째 도미노를 쓰러뜨렸다. 그러자 둘째 도미노
는 셋째 도미노를, 셋째 도미노는 넷째 도미노를 쓰러뜨렸
다. 이 게임은 5분 넘게 지속되었다. 아주 조심스럽고 기
발하게 배열된 곡선을 따라 바닥에 쓰러지는 도미노들은
몹시 인상적이어서 수백 명의 관중은 손뼉을 치고 환호성
을 질렀다.

이 인상적인 게임은 우리 생이 연속되는 것을 두 측면에서 보여준다고 하겠다. 말하자면 미시적으로 보면 한 생 동안 순간순간이 이어지는 측면이고 거시적으로 보면 재생이 거듭되는 측면이다. 도미노 조각들은 어느 것도 자리를 옮기지 않았고 앞에 있던 도미노가 뒤에 있는 도미노를 건너뛰지도 않았다. 엄격히 말하자면 제일 처음 가해진 힘이 연달아 쓰러지는 도미노를 따라 옮겨졌다고 할 수도 없다. 첫 번째와 두 번째 사이에 가해진 힘은 두 번째와 세 번째 사이의 힘과는 전혀 다르기 때문이다. 도미노의 행렬 내내 한 도미노와 다음 도미노 사이에는 항상

새롭게 작동하는 인과관계만 있었을 뿐이다.

물론, 우리가 죽을 때 우리 몸에서 다음 생으로 옮겨가는 물질은 아무것도 없다. 궁극적으로는 '나'나 '영혼' 등 우리 마음의 어떤 것도 이전 생에서 새로운 생으로 옮겨가지 않는다는 것 또한 알아야 한다. 새로 태어나는 존재는 '자신'이라는 개념을 다시금 만들어나갈 것이다. 재생은 있지만 아무도 다시 그대로 태어나지는 않는다.

이전의 '나'가 현재의 '나'로 이어지는 것은 어제가 오늘로 이어지는 것과 같다. '나'라는 것이 실체가 있는 게 아니고 원인[因]과 결과[果]가 이어지는 것이다.

누렇게 바랜 사진

붓다는 중도를 가르치셨다. 중도는 양극단 어느 쪽에도 치우치지 않고 나아가는 길이다. 이 중도에 대해서 사람들은 잘 알지 못한다. 중도는 양보하고 타협하면서 나아가는 그런 길이 아니다. 우리는 불완전한 존재여서 마음이 쉽사리 도를 넘거나 극단적이 되거나 균형을 잃고,

'이것 아니면 저것' 하는 식으로 어느 한쪽으로 치우치기 마련이다. 현자처럼 중도를 지키기는 어렵다.

바른 견해, 바른 이해는 열반으로 이끄는 중도, 즉 팔정도 첫째 항목이다. 바른 견해를 계발하는 데 있어서 가장 중요한 것 중 하나는 명색현상 일체에 '나'라고 할 만한 것이 없음[無我 anattā]을 깊이 이해하는 것이다. 시인이라면 이런 통찰을 '빈집이 있네.'라고 표현할 것이다. 냐나띨로까 스님이 강조했듯이 생의 본질이 무아라는 것을 통찰하지 못하면 이론상으로만 무아를 말하게 될 뿐이다. 가령 열반을 생각해보자. 사람들은 열반을 영원히 존재하는 경지이거나 '나'라는 실체의 멸절이라고 짐작한다. 이 두 견해 모두 온전하고 가늠하기 힘든 열반의 진실을 잘못 말하고 있다. 영원히 살 '나'도 없고, 멸절될 '나'도 없으니까. 열반은 훨씬 순수하다. 열반은 오로지 모든 갈애의 그침이고, 생겨남의 그침이다. 그렇게 되면 열반은 언제든 어디서든 이룰 수 있는 진정한 실재이다. 하지만 열반은 당연히 생각이나 상상으로 가 닿을 수 있는 것이 아니다.

사람들은 여러 가지 오해를 하는데 재생에 대해 생각

할 때 더더욱 그러하다. '나는 다시 태어날 것이다.', '내 영혼은 다시 태어날 것이다.', '내가 죽으면 흔적 없이 사라질 것이다.', '미래 생에서는 전혀 다른 누군가로 존재할 것이다.', '죽는 동시에 자아는 완전히 사라질 것이다.' 등등으로 가정한다. 이렇게 보는 것은 모두 잘못이다. 왜냐하면 거기에는 다시 태어나거나 없어지는 자아가 있다는 생각이 은연중에 깔려 있기 때문이다.

우리는 일상생활에서 '나, 너, 그이, 사람' 같은 개념이 담긴 말을 쓰지 않을 수 없다. "인과적 연속체 현상인 '나'라고 하는 이 분명한 존재가 지난달에 마요르카섬에서 2주 동안 휴가를 보냈어."라고 친구에게 말한다면, 그 친구는 휴가가 어땠냐고 물어보는 대신 정신과 상담부터 받아보라고 할 것이다. 일상적 현실 차원에서는 여러 가지 합당한 이유로 개개인의 정체성을 인정한다. 그렇긴 해도 '나'라고 하는 개념에 대한 집착은 괴로움의 원인이 되므로 쓸데없는 짓이고 언제나 역효과만 낳는다.

이번 생에 우리가 정도의 차이는 있어도 뚜렷한 성격과 기질을 가지고 태어났듯이, 다음 생에도 마찬가지로 전생에 지은 업의 결과로 뚜렷한 성향과 기질을 지니고 '졸연히' '어떤 사람'으로 태어나게 될 것이다. 현생에 왜 내가 지금의 '나'인지 알지 못하듯, 내생의 존재도 그 삶이 왜 그런지 설명하지 못하고, 업이 어떻게 이어지는지, 업과 무슨 관련이 있는지 생각하지 못할 것이다. 우리 모두는 이제껏 지어 온 '업이라는 모든 조상'으로부터 상속되는 업의 과보를 받는다.

이렇게 상상해보자. 친한 친구들이 당신의 생일 파티에 왔다. 케이크를 먹고 나서 가족 사진첩을 꺼내어 본다. 첫 장에 있는 누렇게 바랜 사진을 보면서 말한다. '여기 봐봐. 내가 태어난 지 3주 되었을 때 찍은 사진이야.' 그러자 모두 웃음을 터뜨린다. 어제나 몇 해 전의 나를 같은 나로 받아들이는 것처럼 실제로 현실적 차원에서는 금생이 전생과 그리고 금생과 내생이 인과적으로 이어져 있음을 인정해야 할 것이다. 나아가 우리의 모든 생을 온전히 책임질 수 있도록 마음을 향상시켜야 한다. 이 대목이 이 글을 통틀어 가장 중요한 부분이 되겠다.

이해를 돕기 위해 좀 더 살펴보자. 어떤 사람이 계속 재생할 때 거기에는 '나'라고 할 만한 것이 없으며 생명력이나 에너지가 계속 흘러가는 것이라고 생각해보면 어떨까.

그리하면 '자신'이라는 개념을 끌어들이지 않고 어떤 존재가 다시 태어나는 것을 재생이라고 이해할 수 있다. 전생에 어떤 존재가 '나'였다고 생각하는 것이나 그 존재가 다른 누구였다고 생각하는 것은 둘 다 맞지 않다. 그렇지만 불교 문헌에서조차 '그 보살[20]이 전생에 원숭이들의 우두머리였던 적도 있다.'라는 식으로 '아무개가 누구다'라고 관습적으로 표현하기도 한다. 그러나 전생 업의 조상을 '나'라고 부르지 않더라도 내일이나 내생에 당신의 업을 이어받을 존재를 '나'라고 할밖에 없지 않은가. 무엇을 하든 어떤 생각을 하든 주위에서 일어나는 일에 어떻게 대응하든 간에 자신이 스스로 책임을 져야 한다. 지금 이생에서도 행복하려면 최선의 길을 택해 가야 하고, 그러려면 무엇보다도 지혜를 계발하는 것이 시급하다고 하겠다.

붓다는 내생에 대해 설하시면서 내생을 믿지 않는 이들을 나무라시곤 하셨다. 하지만 누군가 이 문제를 지나치게 소상히 알고 싶어 하면 대개는 에둘러서 답하셨다. 한번은 재생이라는 개념을 확실하게 받아들이지 못하는

---

20 깨닫기 전의 부처를 보살*Bodhisatta*이라 한다.

사람들과 만나셨을 때, 붓다는 설득하려 하지 않으시고 미소를 지으며 듣는 이에게 실질적인 도움이 되도록 당신의 지혜를 보이셨다.

"선하게 살면 내생이 없다 해도 현생에 좋은 과보를 받을 것이고 현자들이 칭찬할 것이다. 내생이 있다면 현생에서 좋은 일이 있을 뿐 아니라 천상에도 갈 것이니 어느 경우든 이로울 것이다."[21]

붓다가 업과 재생의 원리를 가르치신 것은 전생과 내생에 대해 공허한 환상을 조장하려는 것이 아니다. 모든 존재가 윤회고를 겪으면서 불만족스럽고도 위태로운 처지에 놓여있다는 사실을 알려주시기 위해서였다. 윤회고는 우리 존재를 조건 짓는 주요 법칙과 업의 작동을 고려할 때 확연히 드러난다, 붓다는 우리에게 윤회고를 벗어나기 위한 아주 강력한 동기를 마련해주셨다. 그것은 담마를 실천하는 길, 그 길뿐이다.

이 글은 업-재생-윤회의 가르침에 대해서 충분히 다루지는 못했지만, 실재의 본질에 대해 심도 있게 포괄적으

---

21 《앙굿따라 니까아야*Aṅguttara Nikāya* 증지부》, 3:65 〈까알라아마 경 *Kālāma sutta*〉 참조.

로 보여주며 설명하고자 했다. 실상을 관찰하고 이해할 수 있는 유일한 길이 이것뿐이라고 고집하는 것은 아니다. 다차원의 실재나 '무차원'의 실재는 그 법칙의 얼개가 아주 달라야 할 것이다. 그러나 우리가 정신과 물질의 이원성 수준의 세계에 살면서 시간을 일련의 사건들이 한 줄로 이어져 있는 것으로 인식하는 한, 업-재생-윤회의 원리는 우리 존재를 지배하는 법칙으로서 근거가 확실하다고 생각한다.

업은 우리 존재에게 중차대한 영향을 끼치지만 결코 바뀔 수 없는 숙명 같은 것으로 이해해서는 안 된다. 과거 업에 따른 과보 가운데 가장 중요하고 심대한 영향을 미치는 것은 재생 그 자체이다. 다시 말해 우리가 어떤 특정 존재계에 재생하는가에 가장 큰 영향을 미치는 것이 과보라는 사실이다. 여러 존재계 가운데 인간계에 재생할 경우 어떤 지역, 어떤 나라에 태어나고, 어떤 가족, 어떤 부모를 만나는지 등은 자신의 과보와 깊이 연관되어 있다. 이렇듯 과거의 업에 따라 금생에 결코 바꿀 수 없는 환경이 결정되는 것이다.

수태되는 순간 몸과 마음이 발생하는 것이나 살아가는

동안 몸과 마음이 움직이는 것은 과거의 의도에 따른 결과인데 '과보의 순환[*vipākavaṭṭa* 異熟輪轉]'이라 불린다. 더군다나 몸과 마음의 특징, 개인 성향, 건강 체질이나 허약 체질, 아름다운 외모나 못생긴 외모, 감각기능의 우열, 지능, 인망, 사회적 지위, 재능 등은 과거 행위에 뿌리를 두고 있다. 그뿐만 아니라, 공부 적성, 어떤 사람과 사귀는 능력, 일자리를 갖거나 경영하는 능력, 돈을 벌고 관리하는 능력 등의 요소도 크게 보면 업에 따라 주어진 것이다. 한편 우리가 처한 환경도 우리가 반응하고 대응하는 방식에, 즉 선호나 혐오 그리고 태도와 행동에 영향을 주는 것은 말할 나위도 없다.

하지만 우리에게 일어나는 일 가운데 전생 업의 직접적인 결과라고 할 수 있는 것은 일부일 뿐이다. 업으로 인해 일어난 일과 다른 원인으로 생겨난 일은 쉽사리 구별할 수 없다. 그러므로 뜻하는 바를 이루기 위해서는 늘 최선을 다해야 한다. 그런데 금생을 되돌아보면 문득 지난날 지은 업의 영향이 명백하다는 것을 알아차릴 수 있고, 업이 작동하는 힘도 느낄 수 있다.

사람의 여러 성향은 대부분 부모로부터 물려받은 유

전물질인 DNA에 들어있다. 정신적 기질은 이미 유년기에 상당히 나타나고, 부모와 서로 영향을 주고받으면서 금생에 삶 전체에 영향을 끼치게 될 자신의 고유한 행동 양식을 만들어간다. 어떻든 간에 유전학과 심리학이 업의 법칙과 모순되거나 충돌하는 것은 아니다. 붓다의 가르침에 따르면 새로이 태어나는 존재의 업이 자신과 맞는 부모를 끌어당긴 것이다. 어떤 의미에서는 유전적 자질을 '선택'한 것은 바로 업이다!

오늘날 과학은 새로운 패러다임, 곧 실재를 이해하는 새로운 방법을 개발하기 위해 애쓰고 있다. 그렇지만 이제껏 과학이 고안한 불완전하고 단편적인 시각은 옛 현인들의 깊은 통찰력에 견줄 바가 못 된다. 현재 우리가 얻는 과학 지식은 도리어 부담이 되기도 하다. 과학이 우리를 해탈로 이끌 만한 지혜에 도달하려면 아직 멀었다. 아마도 다음 세기에는 과학이 더 많은 것을 알아내고 지혜로워지지 않겠는가. 부디 지혜로워지기를!

3. 윤회

윤회samsāra란 '돌고 도는 재생'이라는 말이고 글자 그대로는 '끊임없이 헤맴'이라는 뜻이다. 윤회는 목적도 없고 헛되며 덫에 걸렸다는 뜻을 담고 있다. 윤회는 시작을 알 수 없는 생과 사가 계속 반복되는 과정이다. 이는 정신계와 물질계의 여러 차원, 즉 천상-인간-아수라-축생-아귀-지옥을 끝도 없이 오고 가는 윤회를 말한다. 전통적으로 윤회는 여러 차원의 존재계를 오가며 재생하는 것을 말한다. 이 글을 읽어 가면 이러한 용어들은 그 의미가 더 명확해질 것이다.

어떻게 여러 차원의 존재계를 오가며 재생할 수 있는지 이해하려면 먼저 존재는 정신과 물질이 다양한 '밀도'와 다양한 '주파수'에 따라 생겨난다는 것을 알아야 한다. 정신에는 다양한 주파수가 있고, 그에 따라오는 '물질'에도 다양한 주파수와 밀도가 있다. 우리 의식의 수준과 성질이 다양한데, 우리 대부분은 일상에서 의식[識]이 순식

간에 변하며 여러 차원을 넘나드는 무상함을 경험한 적이 있을 것이다. 그러나 윤회의 분상에서 물질성의 다양한 차원, 즉 여러 존재계를 경험해 보았다고 구체적으로 말할 수 있는 사람은 거의 없을 것이다.

죽기 직전에 일어나는 의식[死識]에 따라 다음에 재생할 존재계가 결정된다. 죽어가는 사람이 커다란 낫을 든 저승사자를 만날지, 염라대왕을 만날지, 우리 죄가 적힌 큰 책을 든 성 베드로를 만날지 모른다. 붓다 담마의 관점에서 보면 죽음은 수신자 주소로 편지를 전달해주는 우체부와 같다. 이 '주소'는 죽는 순간의 의식에 나타나는 업의 표상[22]이다. 업의 표상은 우리가 일생동안 지은 행위 가운데 재생에 강한 영향을 미치는 선한 행위나 불선한 행위나 습관적으로 해온 행위 또는 죽는 과정에서 뚜렷하게 드러나는 기억에 의해서 만들어지게 된다. 죽는 순간의 업식이 어떠한가에 따라 윤회계 어딘가에 다시 태어날 것이다. 새로운 생은 업에 따라 가벼운 상태나 무거운 상태 또는 가볍기도 하고 무겁기도 한 상태일 것이다. 죽는

---

22 보리수잎·스물하나 《업과 윤회》, 냐아나띨로까 스님 지음, 이진오 옮김, 〈고요한소리〉(2022) 55~59쪽 참조.

이의 업력이 '편지'라면 갈애는 우표, 재생식再生識은 배달이라고 볼 수 있고, 그 편지는 목적지로 바로 가는 '전자우편'이라고 생각해도 되겠다.

재생은 자신의 업에 달려 있으며 외부의 영향에 따라 태어날 존재계가 바뀌지는 않는다. 어떤 이들이 붓다께 와서는 죽은 친척이 천상에 태어날 수 있도록 의식儀式을 치러 달라고 부탁드렸다. 붓다는 슬퍼하는 유족들을 돌려보내지 않으시고 실재의 원리를 이해하도록 자비심으로 그들에게 생소한 일을 시키셨다. "돌과 버터기름을 섞어서 연못에 던지시오." 유족들은 의아했으나 그대로 했다. 그러자 붓다는 이렇게 이르셨다. "이제 사제들을 불러 '돌은 물 위로 떠오르고, 버터기름은 바닥에 가라앉기를!'이라고 기도해 달라 하시오." 그제야 비로소 사람들은, 윤회의 순환 고리에서는 기도나 의례의식의 힘이 아니라 각자 자신이 지은 행위에 따라 높은 차원에 태어나기도 하고 낮은 차원에 태어나기도 한다는 것을 이해하기 시작했다.

상좌부불교에서는 인간계를 포함한 서른하나의 존재계를 인정한다. 인간계와 먼 계도 있고 가까운 계도 있다. 동물계는 윤회에서 우리와 가장 가까이 이웃해 있다. 우리의 마음은 동물과 다른 주파수로 작동하지만 육체적으로는 동물과 같은 공간에 살고 있다. 불교 우주론은 광대하여 우주가 인간계를 포함한 다양한 존재계들로 층을 이룬다고 봄으로써 다층 구조의 존재계를 상정하고 있다.

인간은 어디까지 체험할 수 있나

우리는 안·이·비·설·신, 다섯 감각기능을 통해 '외부 세계'와 접한다. 때로는 어설픈 직관으로도 접할 수 있다. 이 다섯 감각기관은 몸과 주위환경에 관한 정보를 얻는 통로이다. 감각 정보들이 들어오면 마음[意]이 우리의 감각기관과 '바깥 세계'의 이미지를 짜 맞춘다.

실재의 차원과 특성이 어떠한지 생각해보자. 우리 감각기관과 지각만으로는 실재하는 모든 것을 알아차리는 것도 또 어디까지가 진짜인지 제대로 규정하는 것도 전혀 가능하지 않다. 과학의 관점에서 엄밀히 따져보더라도 마찬가지다. 예를 들어 지구상에 있는 생명체의 시초 단계는 어떠했고, 원시 생명체의 감각기관이 차츰 어떻게 발

달했는지를 고려하면, 우리 감각기관은 생물학적으로 미리 정해진 목적을 충족시키고 있음이 분명해 보인다. 다시 말해 우리 감각기관은 실재 세계의 전체 스펙트럼 가운데 살아남기 위해서 꼭 알아야 하는 아주 좁은 범위만을 감지할 수 있다. 그렇게 좁은 범위 너머에는 우리 감각기관으로는 결코 감지할 수 없는 실재의 차원들이 있다. 우리는 알듯 말듯하고 보이지 않는 미스터리를 추리와 추측으로 암중모색할 뿐이다.

이 같은 우리의 형편을 설명하기에 잘 맞는 예를 물리학에서 찾을 수 있다. 전자기파가 한 예이다. 이 분야에 익숙하지 않은 이들을 위해 간단히 설명하겠다. 전자기파는 종류가 다양하고 서로 매우 다르지만 공통되는 특징이 있다. 빛의 속도로 이동하고, 간섭에 취약하다는 점 등등. 가장 낮은 주파수부터 보면 AM 라디오파, TV 파, FM 라디오파, 레이더, 마이크로파, 적외선, 가시광선, 자외선, 엑스레이, 감마선, 우주 광선 등이 있다. 이들은 주로 파장의 길이로 구분한다. 가장 긴 라디오파는 파장이 0.5 킬로미터가 넘고, 중간 범위인 가시광선은 0.0005 밀리미터 남짓이며, 우주 광선은 10^{-16} 밀리미터 정도로 짧다.

그러면 인간의 감각기능은 이들 전자기파를 얼마나 감지할 수 있을까? 수많은 방송에서 나오는 목소리, 음악, 영상이 그야말로 매 순간 우리 머리를 뚫고 지나가지만 우리는 라디오파든 TV 방송파든 감지할 수 없다. 우리 감각은 레이더나 우주 광선도 알아챌 수 없다. 햇볕에 그을렸을 때나 '자외선이 있구나.' 하는 정도이고, 방사선이나 엑스레이가 치사량이어도 느낄 수조차 없다. 전자기파의 전체 스펙트럼에서 우리가 직접 감지할 수 있는 부분은 오직 지극히 좁은 범위인 가시광선뿐이다. 가시광선의 파장은 0.0004~0.0008 밀리미터이고, 이웃한 열적외선은 0.0008~0.3 밀리미터 정도이다. 믿을 수 있겠는가?

나는 윤회계의 서로 다른 계들을 실재하는 다양한 '주파수'에 비추어 이해한다. 보이지 않는 어떤 주파수의 전자기파가 그러하듯 다른 계의 존재도 우리가 눈치채지 못하는 가운데 우리를 통과한다. 불교 경전과 탁월한 감각능력을 지닌 이들에 따르면 우리는 보이지 않는 숱한 존재들과 이 지구에 함께 살고 있다고 한다. 그들은 우리와 함께 윤회하는 이웃인데, 귀신과 지신地神 그리고 악귀와 마아라들이다. 아이들 동화나 UFO를 다룬 보도는 허구나 공상이라기보다는 윤회 이야기가 널리 전해져 기록으로 남은 진실인지도 모른다. 이런 점에서 우리 조상들은 지금보다 훨씬 더 열려있고 감수성이 풍부하고 예민해서 이러한 이야기의 내용을 쉽게 수용하며, 영향을 받기도 쉬웠을 것이다. 오늘날 우리는 이러한 이야기들을 접해도 거의 마음에 담지 않는다. 설사 그러한 이야기에 관심이 가더라도 우리의 개념 구조로는 이해하기 어렵다. 이 시대를 사는 우리의 마음은 완전히 현실의 물질적 주파수에 맞춰져서 '세속'을 향해 너무나도 맹렬하고 편협하게 치닫고 있다.

'모든 존재' 가운데 인간과 동물만이 의식을 지닌 존재일 것 같지는 않다. 불교 경전에 따르면 인간계는 윤회계에서 천상계 아래에 있다. 인간계 밑으로는 축생계, 아귀계, 아수라계, 지옥계가 있다. 인간계 위인 천상계에는 욕계 육천이 있다. 보통 우리가 재생하는 범위는 인간계, 인간계보다 낮은 악처惡處, 천상계 중 두 낮은 계인 사천왕천과 삼십삼천이다. 존재들이 죽고 다시 태어나는 과정에서 죽는 순간 작용하는 업에 따라 다시 태어날 존재계가 정해진다. 불교 문헌에서는 사천왕천과 삼십삼천에 다시

인간이 감지할 수 있는 범위

인간이 감지할 수 있는 다양한 주파수의 전자기파 범위와 각기 다른 '주파수'의 윤회하는 존재의 범위 비교

전자기파			윤회-서른하나의 존재계				
파장의 길이와 물질의 대략적 크기 비교							
우주선(線)	10^{-16}mm	아원자입자 이하	비상비비상처천非想非非想處天 무소유처천無所有處天 식무변처천識無邊處天 공무변처천空無邊處天			4	무색계
감마선	10^{-14}mm		사선	오정거천五淨居天	색구경천色究竟天 선견천善見天 선현천善現天 무열천無熱天 무번천無煩天	5	색계
	10^{-12}mm			무상유정無想有情		1	
	10^{-10}mm	원자핵		광과천廣果天		10	
			삼선	변정천遍淨天			
				무량정천無量淨天			
				소정천小淨天			
			이선	광음천光音天			
				무량광천無量光天			
				소광천小光天			
			초선	대범천大梵天			
				범보천梵輔天			
				범중천梵衆天			
엑스선	10^{-7}mm	원자	타화자재천他化自在天 화락천化樂天 도솔천兜率天 야마천耶摩天			4	욕계 천상
자외선	10^{-4}mm	유전자	삼십삼천三十三天(도리천) 사천왕천四天王天			2	
가시광선	$5×10^{-4}$mm	세포	인간			1	
적외선	10^{-3}mm	먼지 입자	축생			1	악처
마이크로선	0.1mm	모래알	아귀			1	
레이더	5mm	쌀알	아수라			1	
FM라디오	3m	방	지옥			1	
TV	5m	오두막					
AM라디오 단파	50m	건물					
AM라디오 중파	500m	경기장, 축구장					

23 위 표에서 인간이 지각할 수 있는 범위는 짙은 회색으로 표시되어 있는데, 그 범위가 아주 좁음을 알 수 있다.

태어나는 것도 쉬운 일이 아니라고 한다. 하물며 더 높은 천상계에 다시 태어나기란 얼마나 드문 일이겠는가!

욕계 천상 위에는 색계 16천이 자리하는데, 불교 경전에 묘사된 이 색계 16천은 우리가 일반적으로 알고 있는 이 현실 세계와는 사뭇 다르다. 색계에서 물질의 밀도는 상당히 낮고, 거친 물질 현상은 전혀 나타나지 않는다. 색계 존재들의 감각기관은 시각적·청각적으로 미세한 인상만 감지하도록 되어 있다. 그러나 그들의 정신 기능은 인간보다 훨씬 정묘하다. 그들의 수명은 겁劫 단위로 센다. 우주 스펙트럼에서 색계보다 위에 있는 사무색계四無色界는 한층 더 정묘한데, 무색계라는 이름에서 보듯 그곳에는 물질성이 전혀 없다. 무색계의 지고한 존재는 몸이라 할 만한 것은 아예 없고 오로지 마음만 있다. 우리가 윤회하는 다양한 존재계에 관해 말할 때면 어떤 특정 수준의 마음과 그에 상응하는 물질성 둘 다를 언급한다. 그런데 예외가 있다. 사무색계 존재는 마음은 있으나 물질로 형

---

23 《맛지마 니까아야*Majjhima Nikāya* 중부》, 41경 〈사알레이야까 경 *Sāleyyaka sutta*〉 289쪽; 금구의 말씀·둘 《초전법륜경》, 활성 스님 해설·감수, 백도수 옮김, 〈고요한소리〉(2023) 61쪽 참조.

성된 것이 없고, 색계 중의 무상유정無想有情의 존재는 몸은 있으나 마음 작용은 끊어진 상태이다.

윤회계에서 시간은 매우 상대적이어서 존재계마다 제각각 시간이 다르게 흐른다. 인간계보다 위쪽으로 갈수록 존재들의 수명은 기하급수적으로 늘어나는데, 그들이 시간을 어떻게 인지하는지는 우리 인간으로선 알 도리가 없다. 어쩌면 시간의 상대적 속도와 몸과 마음의 밀도 사이에 직접적인 관계가 있는지도 모른다. 존재계가 미묘할수록 그들이 인지하는 시간은 그만큼 더디게 흐르는 것 같다. 경전에는 이에 대해 명시한 구절이 있다. 그런 존재계에서 경험하는 시간은 우리가 경험하는 시간과는 엄청나게 다른데, 가령 삼십삼천[忉利天]에서의 하루는 인간계에서 백 년과 맞먹는다고 한다.

무색계에서의 수명은 2만~8만 4천 대겁으로 가장 길다. 대겁이란 우리의 물리적 우주가 형성되어 소멸되기까지 걸리는 시간이다. 존재계의 맨 위에 자리하는 무색계 천신의 수명을 현대 용어로 표현하자면 빅뱅이 8만 4천 번 일어나는 시간 주기라 할 수 있다. 그러나 열반은 시간의 범주에 속하지 않는다. 열반에는 시간이 존재하지 않기 때문에 과거도 없고 미래도 없다.

우리가 윤회계의 전체 스펙트럼을 아래에서 위로 치달 는다면 지옥에서 무색계로 올라갈수록 우리의 정신과 물 질이 점점 더 순수해지고 정묘해지고 미세해지는 쪽으로 이동하는 셈이다. 무색계에 들어가면 존재는 물질을 유지 하기에 너무 미세해져서 오로지 마음만 있다. 사마타 수 행에서 하나의 대상에 몰입하며 깊이 집중해가는 과정도 이러하다. 사마타 수행을 하다 보면 여러 가지 특별한 경 험을 한다. 감각기능을 초월하기도 하고, 자아의식이 없어 져 버리기도 하고, 모든 것이 하나가 되는 느낌이 들기도 하고, 의식이 끝도 한계도 없어지는 감이 들기도 한다. 이 러한 상태는 색계와 무색계 존재들이 경험하는 것이다.

이쯤에서 짚고 넘어갈 것이 있다. 이러한 특별한 경험 이 위빳사나 수행에서 추구하는 방향은 아니라는 점이 다. 마음을 정화하고 청정하게 하려는 것이 위빳사나 수 행 체계의 핵심이 아니다. 위빳사나 수행을 할 때 기본적 으로 어느 정도 마음을 고요하게 해야 하지만, 반드시 깊 이 몰입해야 하는 것은 아니다. 위빳사나 수행을 하면 켜 켜이 쌓인 개념들과 또 미세한 생각들이 이어지며 만들어내는 수많은 덮개들을 꿰뚫어 보게 된다. 뿐만 아니라 위빳사나 수행이 정점에 이르면 무명의 세 가지 덮개도 꿰뚫어 보게 된다. 세 가지 덮개란 영원하다는 망상, 윤회에 진정한 행복이 있다는 망상 그리고 '나, 영혼, 지고의 자아'라는 영속하는 실체로서 자아가 있다는 망상이다, 여기서 망상이란 무상無常, 고苦, 무아無我를 모르는 것이다. 이 망상을 꿰뚫어 보기 위해 갖추어야 할 조건은 깊은 고요와 정신적 몰입이 아니라 온갖 경험을 할 때 철저히 초연해지는 것이다. 그리하면 갈애가 모두 뿌리째 뽑힌다.

물질은 단단한가

우리 모두는 물질은 단단하고 실체가 있다고 인식하도록 길들여져 있다. 이어지는 글에서는 물질이 실체가 없음을 강조하기 위해 일부러 우리가 알고 있는 것을 정반대로 돌려 생각해보자. 상좌부불교의 아비담마에서는 궁극적으로 보아 물질은 실체가 있는가, 없는가 하는 물음에 대한 답을 열어두고 있다. 명상에서 통찰이 깊어지면 실재는 정신 현상과 물질 현상이 계속해서 일어났다 사라지는 역동적인 과정으로 보인다. 이 단계에서 물질성이라는 것이 실체가 있다거나 없다는 식으로 말한다면 깊은 통찰의 경험을 실상 그대로 표현한 것은 아닐 것이다. 그러나 내 생각으로는 물질성이란 실체가 없다고 보는 편이 더 진실에 가깝고, 물질의 본질은 딱히 뭐라고 꼬집어 말할 수는 없다고 하는 것이 더 맞다. 지혜로운 스승은 물질이란 보이지 않는 어떤 성질과 에너지가 가시적으로 발현된 것이라는 사실에 동의할 것이다. 그래서 붓다는 분명 위와 같은 생각에 지나친 관심을 갖지 말라고 하셨다. 우리의 이성적 사고[識]로는 심오한 실재의 차원까지는 알 수가 없기 때문이다. 그러나 여기에서 물질의 실체가 없음을 다룬 것은 지적 유희를 위해서가 아니다. 과학적 사고에 길들여져 윤회에 의문을 품는 독자들이 윤회를 구체적으로 말하는 불교적 가르침을 수월하게 받아들이도록 하기 위해서이다. 윤회에 들었으니 윤회 공부 잘해 봅시다!

이런저런 의문이 들지도 모른다. 다른 계의 존재는 어느 정도로 '단단함', '튼튼함', '촘촘함'을 갖고 있을까? 다른 계의 존재들은 어쩌면 투명할 수도 있지 않을까? 그들도 다리가 있다면, 서로 맞닥뜨렸을 때 걸어서 상대를 통과해버리지는 않을까? 나는 다른 존재계에서 물체를 인지하는 경험도 기본적으로 우리 인간계에서와 다를 바가 없을 거라고 생각한다. 우리 인간계에서 물체가 단단하다는 말은 그 물체를 구성하고 있는 물질이 실제로 단단해서가 아니라, 우리가 그것이 단단하다고 관념적으로 생각하고 있다는 말이다. 인간계에 태어난 우리는 정신 현상과 물질 현상의 특정한 '주파수'에 맞춰져 있다. 물질이 단단하다고 우리가 태생적으로 믿고 있는 망상 때문에 물질이 단단하고 실체가 있는 것으로 경험될 뿐이다.

그렇게 우리에게 세상은 실재하는 것처럼 보인다. 벽돌로 집을 지어도 무너지지 않고, 다리 위로 강을 건너도 물에 빠지지 않는다. 마찬가지로 다른 계의 존재들도 그들의 세상이 실재하고 엄연하고 고체성을 지니고 물질적이라고 인지할지도 모른다.

토르발트 데츨레프센[24]은 독일 청중들에게 강연하면서 우리 세상이 정말로 실재하느냐고 질문하곤 했다. 그는 우리 누구도 꿈을 실제 현실이라고 여기지 않으면서도 꿈

---

24 토르발트 데츨레프센Thorwald Dethlefsen(1946~2010)은 독일 심리학자이자 비교祕敎주의자로 정신 심리치료사였고, 《질병의 치유 능력 *The healing power of illness*》(1990) 등 여러 권의 저서를 남겼다. 네이버 백과 인터넷판 참조.

속에서는 일어나는 일을 생생한 현실로 받아들인다는 점을 지적했다. 꿈에서 적에게 쫓겨 계단을 올라갔는데 그 계단은 무너지지도 않는다. 탈출구가 없는 방에 갇혀서는 정말 나갈 수가 없다! 그러다가 꿈에서 깨어나고는 그저 '어휴, 꿈이었네.' 하며 애써 웃어넘긴다. 그런데 잠옷은 땀에 흠뻑 젖었으니 어찌된 일인가?

상좌부불교는 비전祕傳의 교의와는 달리 우리 몸과 그 주위의 물리적 환경이 단지 환상 덩어리[幻]라고 주장하지 않는다. 붓다는 항상 실천적인 가르침을 주셨기에 우리가 이론의 함정에 빠져 평생을 허송하지 않게 하셨다. 상좌부불교는 전통적으로 세상이 실재한다고 받아들이고 또 그 실재에는 여러 다른 차원들이 있다는 사실을 인정한다. 앞에서 꿈을 비유로 든 것은 명백한 실체인 듯 보이는 물질세계가 우리 의식과 얼마나 상호 연관되는지 보여주기 위해서이다.

핵물리학 실험은 물질의 구성요소인 원자가 텅 비어있다는 것을 가르쳐주었다. 철의 원자를 경기장 크기만큼 부풀린다면, 그 핵은 축구공보다 훨씬 작은, 아마도 땅콩만 할 것이다. 핵 주위를 돌고 있는 전자는 사실상 실체가 있는 물질이라기보다는 에너지의 궤도 운동일 뿐이다. 물리학자들은 핵에서도 실로 입자나 물질이라 할 만한 어떤 것도 찾지 못했다. 이렇듯 300미터마다 땅콩만 한 핵이 있는 원자는 사실상 텅 비어있다. 과연 그런 원자로 이루어진 단단한 쇠망치가 텅 비어있다고 생각할 수 있겠는가?

명상 수행이 깊어지면 마음챙김에도 힘이 붙어서 물질을 더 면밀하게 알아챌 수 있다. 일상에서 접하는 물질적 대상이 실은 지·수·화·풍地水火風이라는 네 가지 기본요소로 되어있다는 것이 '또렷해진다.' 그러면 어떤 대상에 대해 '한 걸음 물러나' 생각하게 되거나 심지어 어떤 대상에 대한 개념 자체가 사라진다. 그리하여 명상 수행자는 물질의 근본을 사대 요소로 보게 된다. 땅의 요소[地]는 딱딱하다, 부드럽다, 무겁다, 가볍다, 넓다, 좁다 하는 등의 성질을 뜻하고, 물의 요소[水]는 흐르거나 섞이는 성질을 뜻하고, 불의 요소[火]는 덥거나 차가운 성질을 말하며, 바람의 요소[風]는 누르다, 움직이다, 퍼지다 같은 성질을 뜻한다. 사대 요소 외에 색깔이나 냄새 같은 성질도 보게 된다.

위에서 말한 사대 요소가 갖는 '물질적 속성'이 물질이라는 것의 궁극적 실재로 보이긴 하지만, 그 속성들은 모두 실체가 없다. '딱딱함'이니 '무거움'이니 하는 것에는 실체라고 할 만한 것이 없다. 궁극의 차원에서 보면 '고체'라는 관념조차 확실하지 않으며, '물질성'이라는 관념에도 물질이라 할 만한 것은 없다. 감각접촉을 통해서만 인식이나 개념이 생기고 그리하여 실체가 있는 육체라든가 주변의 물체라든가 견고한 우주 등등의 이미지를 만들어 낸다.[25]

궁극적 실재 차원에서는 물질은 물질적 성질을 띤 무리가 모인 집합체에 불과할 뿐이라고 깨닫게 된다. 이렇게 물질의 본질을 직접적으로 체험하는 것은 사물과 대상을 일상적으로 인식하는 것과는 근본적으로 다르다. 통찰력이 깊어짐에 따라 물질성의 체험은 통찰력과 보조를 맞추어 달라진다. 단순한 사고만으로는 포착할 수 없는 물질의 심층적 측면이 드러나기 때문이다. 물질의 본질을 인

---

25 [원주] 감각접촉을 통해서만 물질을 인식할 수 있다는 이 기본적 원리들은 보고도 믿을 수 없는 광경에도 적용된다. 붓다 재세 시에도 많지 않았지만 허공을 날고, 물 위를 걷고, 땅속에 가라앉기도 하는 신통력이 있는 수행자들이 있었다.

식할 때 먼저 일어나는 변화는 개념 때문에 물질을 있는 그대로 경험하지 못하는 비율이 줄어든다는 것이다. 개념이란 우리 마음이 만들어낸 정신적 산물로서 사물, 대상, 과정, 행위, 성질 등 모든 정신적 표상을 말한다. 개념은 궁극적 실재를 그린 그림이나 사진 같은 것이지 궁극적 실재 자체는 아니다. 있는 그대로의 실재는 순수 감각으로 받아들여야 하지만 일상생활에서는 나름대로 해석한 개념과 생각이 계속 들러붙어서 그 실재를 가리고 있다. 위빳사나 수행을 통해 우리는 현실에서 덧칠해진 개념의 더께를 걷어냄으로써 사물을 더욱 또렷하게 있는 그대로 볼 수 있게 된다. 이것이 위빳사나 명상의 주요 기능 중 하나이다.

개념에는 두 개의 층위가 있다. 첫째는 낱말, 이름, 생각 같은 언어의 층이고, 둘째는 단어와 표현이 의미하는 사물에 대한 마음속 의미의 층이다. 이렇듯 언어로 만들어진 층과 아직 언어로 만들어지지 않은 층은 대개 함께 생기지만 따로 생기기도 하는데, 언제나 두 층은 서로 돕는 작용을 한다. 어떤 생각이 언어로 만들어지지 않았다고 해서 개념화가 사라지는 것은 아니다. 우리가 생각을 언어로 표현하지 않더라도 마음속 의미는 이리저리 맴돌 것이다. 다시 말해 그 대상이 얼마나 익숙하고 알맞은지, 쓰임새는 어떠하며 쓸모가 있는지, 얼마나 갖고 싶은지 또한 대상의 모양새, 크기, 무게는 어떠하고 어디에 있으며 다른 것들과 어떤 관계가 있는지 등등으로 사물을 인식한다는 것이다. 아비담마에서는 시간이라는 관념도 한낱 개념으로 분류된다.

명상을 하면서, 개념에 사로잡혀 있는 상태를 벗어나고 인식 과정을 미세하게 조정하면, 우리가 경험하는 모든 물질뿐만 아니라 의식하는 모든 대상이 순간순간 일어나고 사라지는 '심리적 기호'와 관념이라는 것으로 '분해되어' 해체될 것이다. 이때 '분해된다' 함은 우리가 통째로 이해하던 대상을 실재를 구성하는 기본요소로 미세하게 인식하여 '낱낱이 해체한다'는 것인데, 분해의 강도와 단계는 여러 가지다. 비록 경험은 계속 이어지겠지만 이제 마음은 감각작용, 심리적 기호와 관념을 둘러싼 망상 덩어리를 만드는 짓을 그만두게 된다. 말하자면 그 경험을 움켜쥐고 나의 경험이라고 생각하는 짓을 멈추는 것이다. 그러고 나면 이러한 관념들이 우리가 대상을 진짜라고 보게 하는 '생각 덩어리'일 뿐이라는 사실을 깨닫는다. 이 단계에 접어들면, '단단함'이라는 것도 그저 어떤 사물이 실체가 있는 물질이라고 인식하게 하는 관념일 뿐임을 안다.

사물이 단단하게 보이는 것은 이른바 '땅의 요소[地]'가 그렇게 작용하기 때문이다. 마음이 뭔가를 짜 맞추고 만들어내는 활동을 잠깐이나마 멈출 때라야 대상을 보는 '심리적 기호'나 관념이 분명히 드러난다. '심리적 기호'나 관념은 화가의 팔레트에 있는 각기 다른 색 물감과 비슷하다. 우리는 언제나 각자 다른 물감으로 각자 다른 세계를 그리면서 연이어 다음 그림과 다음 장면을 색칠할 준비가 되어 있다. 요컨대 세속적 차원에서는 몸, 물질, 환경, 우주라고 말하지만, 반면 궁극적 차원에서는 땅의 요소 같은 있는 그대로의 물질 현상만 보게 된다. 여러분도 그 차이를 감지할 수 있을 것이다.

일상적 현실을 사는 우리가 어떻게 궁극적 실재의 차원으로 근본적인 전환을 할 수 있는지 명확히 하기 위해 TV 프로그램의 비유를 들어보겠다. 마치 우리가 TV 드라마에 빠져 있듯이 우리는 마음속에 끊임없이 펼쳐지는 자신의 이야기에 푹 빠져 있다. 위빳사나 수행을 하는 것은 현실을 있는 그대로 보기 위함이다. 그래서 TV 드라마에 비유했는데, 드라마란 제작자, 감독, 극작가, 배우, 촬영연출가, 조명연출가, 편집자들이 만든 것일 뿐임을 이해시키려 했다. 우리가 이런 점을 더 잘 이해하고 더 깊이 통찰할수록 그 이야기 자체는 심드렁해지고 화면의 영상은 별 볼 일 없어지며, 켜져 있는 TV 수상기 자체가 인식되기 시작한다. 점차 TV 모니터가 눈에 들어오고 심지어 화면에서 깜빡이는 화소들을 알아차리게 될 것이다.

TV 드라마의 실상을 들여다보면 매우 싱겁다. 전체 이야기는 작가가 꾸며낸 허구일 뿐이고, 드라마 속에서 죽은 연인들은 실제로는 다 살아있다. 극 중 인물들은 모두 전문 배우들이 연기했을 뿐이고, 대사는 작가들 머릿속에서 나왔으며, 시청자들의 관심을 끌기 위해 환상을 부풀리려고 갖가지 특수효과를 사용한다. 우리는 드라마를 보면서 흥분하거나 슬픔에 젖기도 하고, 신나거나 소름이 끼치기도 한다. 그러나 실제 현실은 스튜디오의 비디오테이프에서 나오는 전자기파, 송출되는 TV 방송파, TV 수상기, 화면에 깜빡이는 화소뿐이다. 그런데 세속적 현실에서 궁극적 실재로의 전환은 이보다 훨씬 더 극적이다.

그렇다고 세속적 차원의 모든 것을 깡그리 사실이 아니라고 생각해서는 안 된다. 우리가 잘못 이해하기도 하고, 오류나 실수를 저지르는 것도 사실이다. 행위에는 결과가 따르므로 인과의 법칙이 돌아간다. 오해도 오해 나름의 진실성이 있어서 우리가 오해를 하게 되면 결국에는 그에 대한 결과를 직면해야 한다. 우리를 윤회 속에 가둬두는 것은 바로 망상이다. 우리는 망상 때문에 궁극적 실재가 아닌 윤회의 굴레 속에 갇혀 있게 된다. 그렇지만 우리는 위빳사나 통찰을 통해서 바르게 볼 수 있다.

이제 마지막으로 다룰 주제는 바깥 물질, 즉 대경對境에 관한 것이다.

'대경'이 실재하는가

'바깥 물질', 즉 대경對境이란 우리 감각기관이 인상을 받고 신호를 감지하는 '바깥의 어떤 대상'을 뜻한다. 우리가 감지한 것을 우리 마음이, 대상을 보는 자신의 수준과 주파수에 맞추어 나름대로 해석해버린다는 것은 의심할 여지가 없다. 그러면 우리가 감지한 '대상'이란 무엇인가? 실재하기는 하는가? 만약 그러하다면 얼마나 객관적인가?

지금까지 본 바와 같이 우리는 통찰력의 수준에 따라 '대경'을 각자 달리 '경험'한다는 사실은 앞서 다루었다. 이 주제에 대해 전통적인 상좌부불교 경전에서는 이러한 용어로 다룬 적은 없지만 막상 우리 자신은 항상 마음이 외부 자극과 일반 개념이 그려내는 물질계의 그림과 실상 그대로의 '바깥 물질', 그 둘을 구분한다고 본다.

'바깥 물질'이라는 것에 대해 다음과 같은 의문이 생긴다. 이 '물질'은 과연 독립적으로 존재하는가? 물질은 인지하는 마음이 없이도 존재할 수 있는가? 물질은 정말로 존재하기는 하는 것인가? 물질은 바깥에 있는가, 마음속에만 있는가? 물질은 누구에게나 똑같이 보이는가, 저마다의 세계에 따라 다르게 보이는가?

상좌부불교의 논장인 아비담마는 물질을 궁극적 실재 가운데 하나라고 여기면서도 우리 감각 인식이 '바깥 대상'을 얼마나 충실히 설명하는가 또는 얼마나 왜곡하여 설명하는가에 대해서 별다른 언급이 없다. 또한 우리 감각 인식이 '바깥 대상'을 설명할 수 있는가에 대해서도 문제 삼지 않는다. 아비담마는 수행자 스스로 통찰하면서 그 문제에 내포된 의미와 결론을 생각해내도록 맡겨두거나 그런 물음이 해탈이라는 목표와는 관련이 없으므로 아예 제쳐둔 것이라 하겠다.

'바깥 물질', 즉 대경이 무엇인가 하는 것은 우리의 지식 차원을 훨씬 넘어서는 문제이다. 우리는 개념을 통하지 않고는 물질이 무엇이냐 하는 것을 짐작할 수 없다. 다만 물질은 우리 눈에 보이는 것과는 다르다고 말할 수 있을 뿐이다. 이 말은 사실은 조각칼이 무를 수 있고 망치는 가벼울 수 있다는 것이 아니다. 물질의 실체는 우리가 어림짐작할 수 있는 것과는 아주 다를 거라는 뜻이다. 물질적 대상이란 단지 진동하는 자기장 다발이거나 근원적으로 완전한 평형 상태에서 교란이 일어나 서로 다르게 나타난 것일 수도 있다.

우리는 물질 '그 자체'를 그대로 직접 경험할 수는 없고, 의식의 대상으로만 경험할 수 있다. 그러므로 우리가 인식하는 물질이란 각자가 인식하는 유형이나 수준과 밀접하게 연관되어 있다. 사실 우리는 감각기관의 말단 수

용체와 '대경'이 접촉한 정보로만 경험할 수 있다. 자극은 눈의 망막, 귀의 고막, 코의 점막, 혀의 미뢰, 촉각 신경에 닿음으로써 물리적 화학적 변화를 일으킨다. 이렇게 변화된 자극은 뇌로 전송되어 감각 인상으로 '바뀌어' 지각의 대상이 된다. 그래서 내가 생각하는 '술병'과 특정한 모양을 가진 '바깥 물질'인 술병과는 전혀 다르다.

아비담마는 우리 마음 '바깥'에 있는 물질성을 인정하며 때로는 우리의 인지 여부와 무관한 것으로 인정하지만 물질성을 언제나 인과관계의 틀 안에서 다룬다.

물질[色 *rūpa*]은 흙·물·불·바람의 네 가지 기본요소[四大 *dhātu*]와 여러 부수 물질이나 '파생 물질*upādārūpa*'로 구성되어 있다. 아비담마를 더 깊이 공부하면 이 요소들이 근본 물질 자체가 아니라 물질의 속성이나 에너지 상태라는 것을 알게 된다. 딱딱함-무름[地], 흐름-뭉침[水], 열-익음[火], 움직임-퍼짐[風]이라는 것을 알 수 있다. 아비담마 주석서에서는, 물질[色 *rūpa*]은 원자의 핵과 견줄 만큼 아주 미세한 것으로 구성되어 현미경으로도 볼 수 없으며 상상할 수 없이 빠르게 연속해서 일어났다 사라진다고 한다. 이 실체는 빠알리어로 깔라아빠*kalāpa*인데 '다발, 무리'라는 뜻으로 아무리 최소 단위의 입자라고 해도 그 역시 혼합되었다는 것이다. 각각의 깔라아빠는 네 가지 기본요소[四大]와 여러 부수적인 성질로 구성되는데 적어도 색깔, 냄새, 맛, 영양소 네 가지는 반드시 들어있다. 삼원색을 다양하게 섞어서 온갖 색깔을 만들어낼 수 있듯이 네 가지 기본요소[四大]가 갖가지로 다양하게 조합되어 물질계의 모든 것이 생겨난다. 이 요소들은 흔히 생각하듯이 단순한 물질 조각이 아니라 에너지가 '결정結晶화 된 것'이다. 그러나 물질을 이런 식으로 생각하는 것이 우리가 세상을 인식하는 유일한 방식도 아니고 궁극적인 방식도 아니라고 본다.

윤회의 감옥

인간계 외에 또 다른 존재계가 '실질적으로' 있다고 생각하면 우리 인간계 존재 본연의 참모습을 더 깊이 이해하게 된다. 우리가 알고 있듯이 인간계가 '물질 관념'과 개념을 바탕으로 형성되었다고 한다면 다른 존재계도 마찬가지일 것이다. 우리 세상과 우리 삶은 전적으로 상대적인데 다른 존재계의 실상도 전적으로 상대적일 것이다. 하지만 주의하기 바란다. 우리 세상이 상대적이긴 해도 우리의 일상생활에서 일어나는 일들과 사건들은 '우리에게는' 생생한 진실이다. 그리고 우리의 행위에는 반드시 그 결과가 따르기 마련이다. 따라서 윤회에 얽매여 있는 우리에게 괴로움은 생생한 진실이다.

붓다는 윤회가 실로 엄연하고 심지어 그 모습은 끔찍하기까지 하다고 설하신다. 윤회계의 높은 주처住處에는 존재의 수가 적고 대부분의 존재들은 낮은 계에 빽빽하게 몰려있다. 윤회의 관점에서 보면 인간계의 생은 '축복받은 기간'이다. 그런데도 대부분의 사람들은 사후에 인간계보다 낮은 계에 존재하게 되고, 공덕을 쌓아 천상계에 재생하는 경우는 매우 드물다.

예로부터 영적 스승들은 사람들이 정신 수행을 열심히 하라고 독려하기 위하여 적절한 수단으로서 지옥 이야기를 활용하였다. 그런데 전통적인 불교국가 이외에 오늘날 서구인들은 붓다 담마에서 주로 진리, 청정, 지혜, 자비 등 긍정적 가치와 도덕적 이상을 통해 영감을 받고 있다. 그럼에도 여전히 남아 있는 골치 아픈 문제는 바로 지옥이 진짜 있는 것 같다는 것이다!

여러분이 업-재생-윤회의 가르침을 어디까지 받아들이는지는 잘 모르겠다. 그리고 얼마만큼 의혹을 품거나 의견을 달리하는지도 모르겠다. 거의 모든 주요 세계종교와 종교적 전통이 어떤 주장을 하든 그걸 전혀 믿지 않는다 해도, 잠시 멈추고 혹여 그런 주장이 옳다면 어떨까 가정해보자. 모조리 다 믿으라는 게 아니다. 그저 여러분에게 어떤 일이 벌어질지 곰곰이 생각해보자는 것이다.

우리는 안·이·비·설·신, 다섯 감각기관과 의意를 통해서만 '바깥 세계'를 접할 수 있을 뿐이다. 명상을 해보면 우리는 안·이·비·설·신이라는 다섯 개의 작은 창이 있는 방으로 자신을 인식하게 될 것이다. 그 방에는 문이라고는 없어서 절대로 밖으로 나갈 수 없다는 사실을 알려면 상당한 시간이 걸릴 것이다. 그 사실을 알게 될 때 우리는 윤회라는 것이 무엇인지 그 본질을 이해하게 된다. 말하자면 윤회라는 것은 도무지 벗어날 가망 없이 갇혀 있는 감금 상태라는 것을 알게 된다. 붓다는 윤회의 감옥에서 벗어나는 길을 확실하게 알려주기 위해 담마를 가르치셨다.

오직 열반에서만 윤회라는 감옥도 없고 그 속에 갇히는
죄수도 없게 된다.

4. 덧붙이는 말

위빳사나 명상 수행을 하기 위해 반드시 업-재생-윤회를 납득해야 하는 것은 아니다. 그렇긴 해도 업-재생-윤회를 이해하는 것은 수행의 길에 아주 유용한 바탕이 되고 향상하는 데 도움이 된다. 이는 붓다 가르침의 기본 '틀'이다.

근래에 들어 여러 담마 지도자들이 담마에 대한 새로운 해석을 시도하고 있다. 이러한 해석에서는 과거 생과 미래 생은 배제하고 단지 현재 생에만 중점을 두고 있다. 지도자들은 수행자들이 현재 생에 집중하도록 한다. 왜냐하면 결국은 윤회로 인한 고苦나 현재 생의 고나 근본적으로 고라는 점에서는 마찬가지이기 때문이다. 이러한 담마의 새로운 해석에서는 업-재생-윤회의 가르침은 매우 다른 역할을 자연스럽게 떠맡는다. 업의 과보는 '즉각적'으로 나타나거나 '중간 범위'인 금생에 나타나는데 모든 과보가 다 나타나지는 않는다. 그렇지만 특정한 업의 과보는 즉각 나타날 수 있다. 또한 재생은 보통 심찰나가 일어났다 사라지는 것이고 또 때로는 '나 자신'의 되돌아보는 감각이 일어났다 사라지는 것이라고도 한다.

새로운 해석에 따르면 우리는 금생을 살고 있는 동안에도 마음먹는 수준에 따라 윤회계의 여러 차원을 넘나든다고 한다. 미워하고 해코지하려는 마음은 지옥계에 잠시 재생한 것이고, 탐욕에 사로잡혀 감각적 쾌락을 갈구하는 것은 아귀계에 잠시 재생한 것과 같다. 마음이 온통 아둔하고 어리석을 때는 잠시 동안 축생계에 재생한 셈이다. 착한 마음과 못된 마음이 뒤섞여 있는 상태는 인간의 전형적인 특징이다. 질투하고 다투며 남을 지배하고 싶어지면 그때는 아수라로 재생한 것이다. 밝은 지혜가 있어서 생기는 미묘하고 고상한 즐거움은 천상계에서 지내는 기간에 견줄만하다. 고전 문헌에서는 삼매에서 경험하는 수승한 마음의 경지를 꽃이 흐드러지게 핀 더없이 행복한 천상계로 설명하고 있다.

업-재생-윤회의 가르침을 이렇듯 실용적이고 이해하기 쉽게 설명하는 것은 논리적이고 일관성이 있어서 많은 서구 사람들과 일부 아시아의 불자들도 붓다 담마에 가까워질 수 있게 된다. 이러한 접근 방법은 '실용적'이고 '현실적'이어서 신앙심은 별로 필요하지 않으며, 불교 초심자들이나 종교에 마음이 닫혀 있는 모든 이들에게도 효과적이고 '좋은 방편'임이 입증되었다.

이러한 새로운 해석의 가치와 의미를 폄하하지 않기를 바란다. 서구 사회의 많은 사람들은 이러한 해석이 붓다 담마와 직접 연관되어 있다는 것을 알게 되었다. 그리하여 불교를 공부하고 위빳사나 수행을 하는 사람들이 늘어났다. 그럼에도 불구하고 이러한 접근 방식에는 한계가 있다는 점을 명심해야 한다. 이 새로운 해석이 붓다 가르침의 전부가 아니다. 오히려 특별한 목적에 따라 선택한 일부 교리에만 초점을 맞추어 재해석한 것이다. 실용적으로 접근하는 새로운 방식에서도 수행에 대한 영감과 자극을 받을 수는 있지만, 붓다의 근본 가르침 '전체'를 살펴보아 얻게 되는 영감에 견줄 바가 못 된다. 나는 붓다가 몸소 가르치신 원음, 이른바 근본불교가 무척 도움이 되었고, 지금까지도 나의 수행을 받쳐주는 근간이 되고 있다.

붓다의 근본 가르침을 왜곡하지 않고 그대로 따라야 할 이유는 참으로 많다. 재생이 끝없이 이어진다는 진리를 무시한다면 우리의 행위가 오랜 세월에 걸쳐 영향을 미쳐서 업보로 나타난다는 진실을 알지 못할 것이다. 또한 업의 법칙을 분명하게 이해하지 못할 것이고, 윤회고가 어디까지 미치는지 제대로 알지도 못한 채 살아갈 것이다. 윤회 분상에서 자신의 처지를 잘못 진단할 것이고, 결국은 윤회고를 해결하기에 적절한 처방을 선택할 수 없을 것이다.

불교 근본 가르침에서 시간관, 즉 시간을 어떻게 보는가를 고려하지 않는다면 다른 종교적 전통에서 제시하는 다양한 종류의 해방과 불교에서 말하는 해탈의 차이점을 구별하지 못할 것이다. 예를 들어, 정定에 들면 마음은 고양되고 청정해지며 안으로는 놀랄만한 평온을 경험하고 '자아' 안팎을 나누는 경계가 사라지는 것을 느낀다. 그때 하나가 되는 느낌을 받고는 이를 신과 합일된 것으로 생각할 수도 있다. 그리고는 수행자 자신이 윤회의 고통에서 벗어나 궁극적이고 최종적인 자유를 얻었다고 착각할 수도 있다.

그러나 붓다의 가르침에 따르면, 윤회계 맨 위의 천상 세계에 사는 존재들조차 마음은 여전히 여러모로 한계가 있다. 그들은 정신, 육체 그리고 세상의 본모습을 제대로 통찰하지 못한다. 즉 겹겹이 덮인 무명으로 인해 그 본모습을 꿰뚫어 보지 못하는 것이다. 그 때문에 그들은 연기법에 따라 조건지어질 수밖에 없다. 무한히 펼쳐진 억겁의 시간을 두루 살펴보시는 붓다의 눈으로 보면 천상계에서 영원히 살 것 같은 천신도 수명이 엄청나게 길 뿐이지 결국은 재생을 면할 수 없다.

여러분은 내가 무엇을 말하고자 하는지 알 것이다. 만약 불만족과 괴로움이 현재 생에서만 또는 바로 다음 생까지만 문제가 된다면 여러 해결책이 있을 수 있겠다. 진지하고 뿌리 깊은 종교적 전통이라면 대부분 어떤 지침과 적극적인 도움을 줄 수 있을 것이다. 그렇다면 위빳사나 정신 수행의 부담과 고통을 감수하고 굳이 붓다의 길을 따라 해탈을 향해 공부해야 할 이유가 있겠는가.

비슷해 보이는 산봉우리들

서구인들은 다양한 정신 수련을 접하면서 흔히 진지한 정신 수행들이 모두 같은 목표를 지향한다고 생각한다.

그런데 이 같은 생각은 옳다고 볼 수 없다. 이론적으로 정당화되기도 어렵고 실제 경험으로도 그 생각이 옳다고 보기 어렵다. 몇몇 꽃만 보고서 모든 꽃들이 다 똑같다고 하면 꿀벌도 소녀도 그런 말에 동의하지 않을 것이다.

종교적 전통은 다르지만 수행하는 사람들은 초기에는 비슷한 어려움을 겪는다고 하겠다. 그들은 수행하면서 장애를 극복해야 하고 정화 단계를 거쳐야 한다. 사람들이 왜곡해서 생각하는 것은 다 마찬가지다. 그렇지만 높은 수준의 수행 단계에서는 수행의 길이 뚜렷이 갈라지는데 이런 차이는 이미 초기 단계에서부터 있었다고 하겠다. 구도의 길이 다르면 결과가 달라지는데 깨달음이라는 것도 다르고 해탈이라는 것도 다르다.

우리가 정신적으로 향상하는 과정은 높고 낮은 봉우리들과 협곡과 암벽이 있는 거대한 산을 굽이굽이 오르는 것에 비유할 수 있다. 멀찍이서 보면 하나의 큰 산인데 가까이 다가가면 각양각색의 모습이 훨씬 세세히 보일 것이다. 시야를 달리하면 또 다르게 보이고, 가까운 봉우리는 다른 봉우리보다 높아 보인다. 실제로는 그렇지 않은데도 원근법 때문에 그렇게 보인다. 그러니 가장 가까운 대상이라 할 우리 내면의 풍경은 얼마나 엄청나고 복잡다단하겠는가!

여느 종교나 종교적 가르침은 부분만 보여줄 뿐, 산 전체의 그림을 보여주지는 않는다. 붓다도 경우에 따라 의도적으로 모든 것을 제시하지는 않으셨다. 그러나 붓다의 가르침은 그 어떤 가르침보다 가장 완벽하게 전체를 조망하도록 해준다. 원자보다 작은 입자에서 무수한 은하계에 이르는 광범위한 차원과 극히 짧은 심찰나에서 우주가 팽창하고 붕괴하는 억겁의 시간까지를 자세히 말씀하신다. 열등한 존재에서 천상의 미묘한 존재까지, 윤회하는 존재들의 다양한 유형과 '에너지 주파수'의 차이를 정교하게 설하신다. 붓다의 가르침에서 무엇보다 중요한 점은 무명의 극치에서부터 궁극적 실재를 꿰뚫어 보는 통찰지인 최상의 지혜 증득과 열반의 실현에 이르는 길을 다 보여준다는 것이다.

이렇게 산 정상에서 조망해보면 전체의 근간이 되는 원리가 뚜렷해진다. 붓다는 불만족[苦]은 어느 존재계를 윤회하든 간에 누구나 갖는 본질적 특성이라는 사실을 인정하셨다. 의식이 열등한 존재가 느끼는 괴로움이나 더 낮은 계의 존재들이 겪는 고통은 쉽게 알 수 있다. 반면 깊은 선정에 들어있거나 더없이 행복한 천상계에 있는 존재들에게도 미세한 괴로움이 있는데 이를 포착하려면 극히 청정하고 심오한 통찰력이 필요하다.

이 글을 쓰는 목적은 업-재생-윤회에 대한 이해를 도모하고 이에 대한 편견과 선입관을 말끔히 없애서 포스트모던 시대의 독자들에게 붓다 가르침의 독창적인 관점 그대로를 보여주고 싶은 뜻에서이다. 앞서 다룬 '새로운 실용적 접근 방법'과 견주어보자면 붓다의 가르침은 그 차원이 완전히 다르다. 윤회의 굴레에 갇혀 있는 존재의 고통을 해소하는 것과 현대 심리치료의 관점에서 건강하고 성공적인 삶을 이루는 것은 전혀 다르다.

우리는 여러 면에서 감화를 받음으로써 붓다 담마를 실천하겠다고 마음먹게 된다. 때로는 최상의 지혜에 마음이 움직이기도 하고, 정신 수행의 길에 끌리기도 하고, 궁극적인 목표의 청정함에 감동을 받기도 한다. 이런 자극에서 오는 영감은 '끌어당기는' 힘이라고 생각할 수 있다. 또 어떤 때는 살면서 겪는 고난이 두렵거나 윤회가 겁이 나서 마음을 다잡는다. 이런 자극에서 오는 영감은 '떠밀리는' 힘이라고 볼 수 있다. 때로는 끌어당기는 힘에서 영감을 받고 때로는 떠밀리는 힘에서 영감을 받게 되는데 우리는 모든 영감에 마음의 문을 열고 수행의 길을 따라 꾸준히 나아가는 길이 가장 현명한 길임을 확인할 수 있다.

붓다 가르침의 핵심은 왜곡되기 십상이다. 27년 전쯤 내가 처음으로 담마를 만났을 때, 이렇게 오묘한 가르침이 그토록 오랜 세월에 걸쳐 사람들 속에서 살아남았다는 사실이 믿기지 않았다. 사람들은 하루에도 몇 번씩 진실을 곡해하고 내용을 변형시키기 일쑤이다. 그런데도 이토록 오묘한 가르침이 2500년이나 이어지다니! 이러한 붓다의 가르침을 우리 시대에 맞도록 적용하고 그 원리를 공부하는 사람의 정신적 태도나 대중의 눈높이에 맞도록 설명할 필요가 있을 것이다. 그렇긴 하더라도 붓다 가르침의 핵심 메시지가 변질되지 않도록 지켜가는 것이 그 무엇보다 중요하다.

어리석디 어리석은 윤회에서 벗어나는 길을 찾기란 쉽지 않다. 윤회에서 벗어나려면 세속의 흐름을 거스르고 하찮은 세상사를 끊어낼 준비가 되어 있어야 한다. 이 진정한 목표인 열반에 이르는 길을 나아가려면 참으로 성숙하고 결연하고 진지해야 한다.

경전에 설해진 바와 같이 완전한 해탈과 세속사에 초연함[出離心]으로써 담마를 온전히 구현하는 것은 말할 나위도 없이 드물고도 드문 일이다. 그렇지만 있기는 있다. 이 드문 일을 이룬 미얀마 큰스님이 읊은 시 한 구절이 지금까지 내 마음 깊은 곳에 울려 퍼지고 있다.

빛나는 지성으로 한껏 고양된 존재,
가장 높고도 숭고한 존재계까지도
한낱 침 뱉는 타구唾具로 여기게 될 때,
그때 그대는 열반을 향할 준비가 된 것이다.

━━━ 저자 소개

아신 옷따마

아신 옷따마는 1947년 체코슬로바키아에서 태어났으며 성년 이후에는 주로 스위스에서 생활하였다. 그는 1970년부터 붓다의 가르침에 따라 수행하고 있고, 1992년 미얀마에서 비구계를 받았다. 1996년 현재 체코에서 부처님 가르침을 전하는 데 많은 시간을 보내고 있다.

─── 〈고요한소리〉는

- 붓다의 불교, 붓다 당신의 불교를 발굴, 궁구, 실천, 선양하는 것을 목적으로 설립되었습니다.

- 〈고요한소리〉 회주 활성스님의 법문을 '소리' 문고로 엮어 발행하고 있습니다.

- 1987년 창립 이래 스리랑카의 불자출판협회BPS에서 간행한 훌륭한 불서 및 논문들을 국내에 번역 소개하고 있습니다.

- 이 작은 책자는 근본불교를 중심으로 불교철학·심리학·수행법 등 실생활과 연관된 다양한 분야의 문제를 다루는 연간물連刊物입니다. 이 책들은 실천불교의 진수로서, 불법을 가깝게 하려는 분이나 좀 더 깊이 수행해보고자 하는 분에게 많은 도움이 될 것입니다.

- 이 책의 출판 비용은 뜻을 같이하는 회원들이 보내주시는 회비로 충당되며, 판매 비용은 전액 빠알리 경전의 역경과 그 준비 사업을 위한 기금으로 적립됩니다. 출판 비용과 기금 조성에 도움 주신 회원님들께 감사드리며 〈고요한소리〉 모임에 새로이 동참하실 회원을 기다리고 있습니다.

- 〈고요한소리〉 책은 고요한소리 유튜브(https://www.youtube.com/c/고요한소리)와 리디북스RIDIBOOKS를 통해 들으실 수 있습니다.

- 카카오톡 채널(https://pf.kakao.com/_XIvCK)을 친구 등록 하시면 고요한편지 등 〈고요한소리〉의 다양한 소식을 받으실 수 있습니다.

- 〈고요한소리〉 홈페이지 안내
  - 한글 : http://www.calmvoice.org/
  - 영문 : http://www.calmvoice.org/eng/

○ 〈고요한소리〉 회원으로 가입하시려면 이름, 전화번호, 우편물 받을 주소, e-mail 주소를 〈고요한소리〉 서울 사무실에 알려주십시오.
(전화: 02-739-6328, 02-725-3408)

○ 회원에게는 〈고요한소리〉에서 출간하는 도서를 보내드리고, 법회나 모임·행사 등 활동 소식을 전해드립니다.

○ 회비, 후원금, 책값 등을 보내실 계좌는 아래와 같습니다.

국민은행	006-01-0689-346
우리은행	004-007718-01-001
농협	032-01-175056
우체국	010579-01-002831
예금주	**(사)고요한소리**

━━━ 마음을 맑게 하는 〈고요한소리〉 도서

금구의 말씀 시리즈

하나	염신경念身經
둘	초전법륜경初轉法輪經

소리 시리즈

하나	지식과 지혜
둘	소리 빗질, 마음 빗질
셋	불교의 시작과 끝, 사성제 – 四聖諦의 짜임새
넷	지금·여기 챙기기
다섯	연기법으로 짓는 복 농사
여섯	참선과 중도
일곱	참선과 팔정도
여덟	중도, 이 시대의 길
아홉	오계와 팔정도
열	과학과 불법의 융합
열하나	부처님 생애 이야기
열둘	진·선·미와 탐·진·치
열셋	우리 시대의 삼보三寶
열넷	시간관과 현대의 고품 – 시간관이 다르면 고품의 질도 다르다
열다섯	담마와 아비담마 – 종교 얘기를 곁들여서
열여섯	인도 여행으로 본 계·정·혜
열일곱	일상생활과 불교공부
열여덟	의意를 가진 존재, 사람 – 불교의 인간관

법륜 시리즈

보리수잎 시리즈

붓다의 고귀한 길 따라 시리즈

단행본

This translation was possible
by the courtesy of the Buddhist Publication Society
54, Sangharaja Mawatha P.O. BOX61
Kandy, SriLanka

법륜·스물다섯

업-재생-윤회의 가르침

초판 1쇄 발행   2023년 12월 28일
초판 3쇄 발행   2024년 3월 25일

지은이   아신 웃따마
옮긴이   홍윤선
펴낸이   하주락·변영섭
펴낸곳   (사)고요한소리

등록번호   제1-879호 1989. 2. 18.
주소   서울시 종로구 인사동길 47-5 (우 03145)
연락처   전화 02-739-6328 팩스 02-723-9804
         부산지부 051-513-6650   대구지부 053-755-6035
         대전지부 042-488-1689   광주지부 02-725-3408
홈페이지   www.calmvoice.org
이메일   calmvs@hanmail.net
ISBN   979-11-91224-13-9

값 1,000원